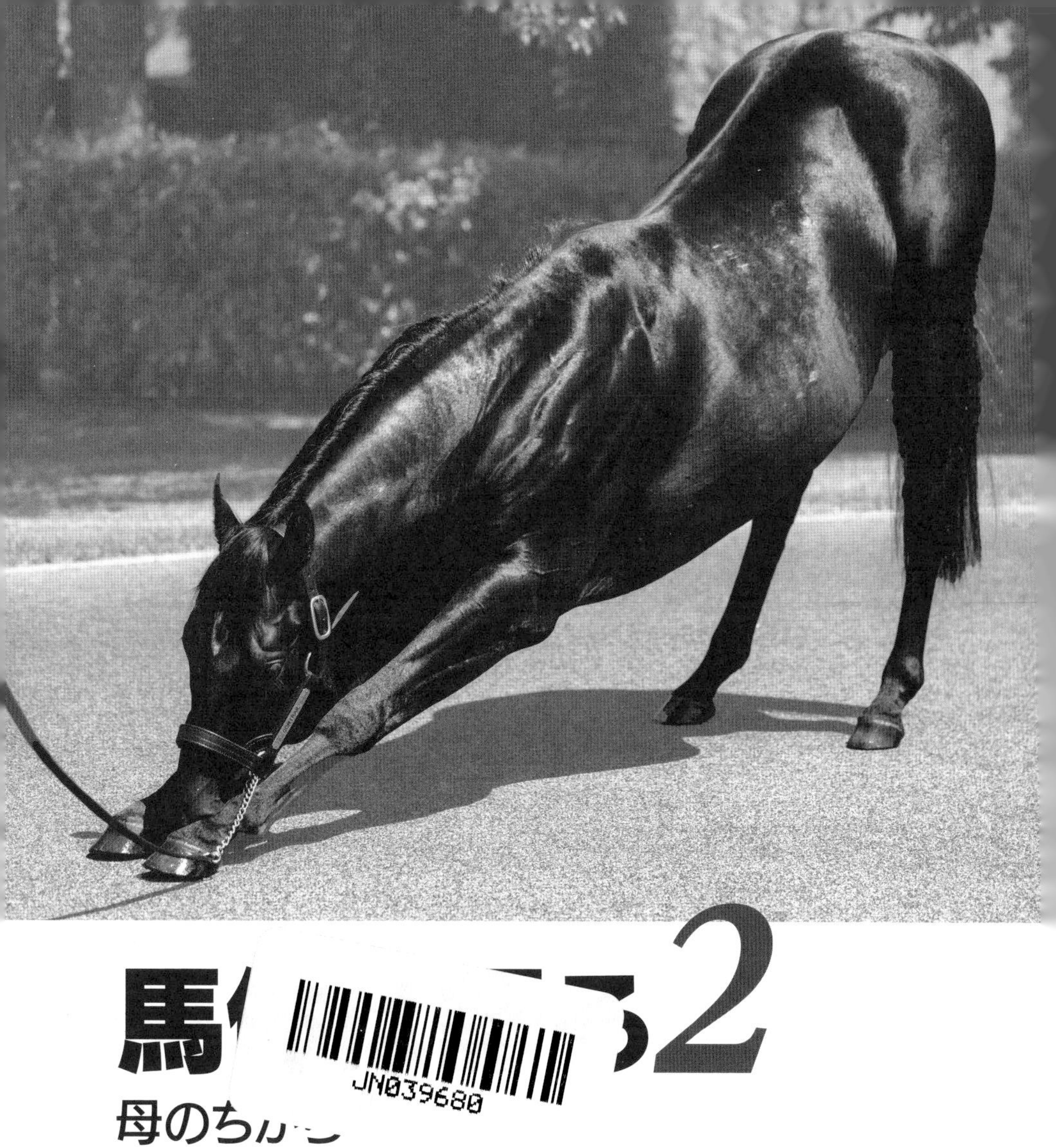

馬 2

母のち

治郎丸敬之

一口馬主DB ／監修
競馬道 OnLine 編集部／編

目次

3章　種牡馬別馬体の見かた　127

1章

母の馬体を見る

［単行本書き下ろし］

もうひとつの世界

母の馬体について語ります。母の馬体なんていうと、いささか妖艶な響きがありますが、繁殖牝馬の馬体ということです。募集馬でもなく、種牡馬でもなく、繁殖牝馬の馬体。前著「馬体は語る―最高に走る馬の見つけ方」を含め、今まで募集馬や種牡馬の馬体の見かたについて書かれた本はあっても、繁殖牝馬のそれについて語られたものはなかったはずです。そういう意味では、今回、新しい馬体の見かたや募集馬の選び方を皆さまに提案できるのではないかと思っています。

その前に、なぜ僕が母の馬体について書こうと思ったのか、少々長くなりますが語らせてください。2021年は僕にとって転機の年でした。「ROUNDERS」(vol.5)を7年ぶりに発行できたことに加え、馬主になろうと思っていたら、気がつくと繁殖牝馬を買って生産の世界に足を踏み入れてしまったのです。この非連続的な2つの出来事を通し、血統について学び(血統や配合理論はもともと生産者たちのものでした)、生産者の視点から競走馬について考えることができるようになりました。

どちらも持ち出しの方が多く、全くと言って良いほど儲かっていないのですが(特に生産の方はしばらく赤字続きだと思います）、負け惜しみではなく、新たな学びこそがプライスレスだと思っています。だって、こうして皆さまと学びを共有できるのですから。

かつて、一口馬主DBの「馬体の見かた講座」の取材記事として、ヤナガワ牧場の梁川正普さんにインタビューさせてもらったことがあります。コパノリッキーやキタサンブラック、最近ではテーオーケインズなどの超一流馬を誕生させた生産者です。

――今回、どうしても梁川さんに聞きたかったのは、血統と馬体の関係性についてどう考えているかということです。自分で配合を考えて生産をした馬が大きなレースで活躍するのは生産者冥利に尽きると思いますが、梁川さんはどのように配合を決め、馬体をどのように見ているのかを教えていただきたいと思います。

梁川　どの関係者さんもそうだと思いますが、普段から繁殖牝馬を見て、生まれてくる仔たちを見て、この配合でこのような馬体の馬が出てくるのであれば、来年はあの種牡馬をかけてみようかなと常々考えています。その繰り返しです。競馬場のパドックを見ているときも同じです。この馬の父は何だろう？　この種牡馬はこのような産駒を出すのか、それじゃあ今度種付けしてみようかなと考えたりもします。想像するしかないですね。

ただ、走っている馬と同じ配合（血統構成）をしても、全く走らない馬が生まれてきたりします。自分の所有している繁殖牝馬の体型が違うと、全く違う馬（体）になってしまいます。そのあたりが難しいところです。

――馬体を見て配合を考えたり、血統から馬体を想像したりの繰り返しということですね。実際に馬体を見て配合を考えるときに、重視するのは繁殖牝馬の馬体ですか、それとも種牡馬の馬体ですか？

梁川　どちらもですね。繁殖牝馬の馬体も完璧で、種牡馬もそうであれば、非の打ちどころがないのだと思いますが、実際のところは、完璧な馬体の馬同士の配合なんてほとんどあり得ないわけです。その時々によって、良い部分を伸ばす配合と欠点を補う配合のどちらも考えていかなければなりません。

繁殖牝馬はスピードがありそうな馬体だから、さらにスピードのある種牡馬をかけてみようと考えることもあれば、種牡馬は長めのところが走れそうなタイプを配合することもあります。配合パターンやこだわりはなくて、この種牡馬を配合したら良い産駒が出るのではないかという感覚を大切にしています。臨機応変に考えるようにしています。

（一口馬主ＤＢ「梁川正普氏（ヤナガワ牧場代表）インタビュー」より）

正直に言うと、あの当時は梁川さんの言葉が僕にはピンと来ていませんでした。走る馬の馬体の見かたについて、僕は出資者（一口馬主）側の視点から聞いたのに対し、梁川さんは生産者側の視点から真摯に答えてくれていたのですから、噛み合わなかったのも当然です。

たとえば、車好きな人たち、いわゆるカーマニアは、車のスペックや外見、価格、ブランド等を考慮して、新車を買ったり、中古車を買い替えたりするため、車についてはかなり詳しいはずです。しかし、そんなカーマニアにとっても、自分で部品を手に入れて、1から車自体をつくってみると、車そのものがまた違って見えてくるのではないかと思うのです。

たとえ同じ車を見ていても、「ルビンの壺」や「妻と義母」といった騙し絵のように、消費者と生産者では全く違う世界が見えてくるということです。一度、壁の向こう側の世界の見かたを知れば、買う側の視点でも、作る側の視点でも、両方の視点を行き来することができるようになります。

今回、僕が紹介したいのは、もうひとつの世界における馬体の見かたです。

ルビンの壺（イラストAC）

妻と義母（株式会社テクニカ エイ・ブイ / PIXTA）

本当に知りたいのは未来の姿

前著「馬体は語る」の冒頭にて、一口馬主のための出資馬選びにおける馬体の見かたについて、僕はこう書きました。

一言でいえば、現役時代の馬体を見るときには、その馬の馬体の欠点を見て減点法で評価するのに対し、募集時代の馬体を見るときには、美点を見て加点法で評価するということです。

あれから6年が経ち、僕の馬体の見かたも少し成長し、現役馬の馬体を評価するのと募集時の馬の馬体をそうするのでは、馬体を見るときの「時間軸」も異なると思うようになりました。

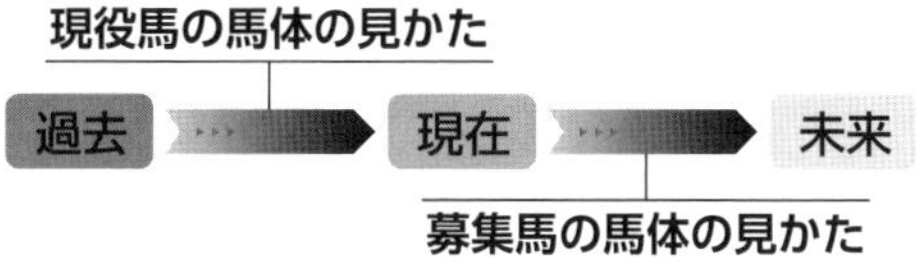

現役馬の馬体を見るときは、今という瞬間（もしくは過去から現在）の馬体を見るのに対し、募集馬の馬体を見るときは現在から未来へと変化する馬体を見なければならないということです。

馬券を買うときに、立ち写真を見て予想をしていたのは正解でした。厳密に言うとレースの2週間前に撮影された写真ですが、その時点におけるその馬の本当の姿がそこには映っているからです。立ち写真は、本番を2週間後に控えた大切な時期に、馬房から馬を外に連れ出して立たせ、極めて短い時間で撮影するため、その馬の嘘偽りのない姿が切り取られることになります。毛艶が悪い馬はそのように映ってしまいますし、カイ食いが悪くなっている馬は腹が巻き上がっていたり、精神的に追い詰められている馬は耳を絞って人間を威嚇したりと、ありのままの姿が映し出されるのです。さすがに何度も撮り直しするわけにはいきませんので、あとから良さそうなカットを探してもなかなか見つからないものです。

逆に言うと、仕上がりの良い馬は筋肉のメリハリがあるように映りますし、精神的に落ち着いていれば、短い時間でもピタッと立ち姿を決めることができます。表情も穏やかで、澄んだ目をしているはずです。良くも悪くも、立ち写真には現時点におけるその馬の正直な姿が現れてしまうのです。立ち写真はウソをつかない、というかウソをつけないということです。

また、過去の立ち写真と現在のそれを見比べることで、馬の成長度合いや体調の変化を把握することが可能になります。過去から現在に至る、その馬の体調や仕上がり、馬体の成長度合い、精神状態を手に取るように比べることができるのですから、立ち写真を馬券に生かさない手はありませんね。パドックで歩く馬を見ることも、現在の姿を把握することにつながります。過去のパドックにおける動きや姿と見比べることで、縦の比較をすることもできるはずです。

一方で、一口馬主として募集時の馬体を見るときには、現在のその馬の状態を把握することにあまり意味はありません。一口馬主にとって大事なのは、これから先、その馬がどのように成長していくかであって、現在どのような体調、仕上がり、精神状態にあるかではないからです。現時点での姿が全く関係ないことはありませんが、1年後、そして2年後、3年後にどのような馬に変わっていくかを僕たちは知りたいはずです。

繁殖牝馬の能力には大きな偏差がある

最近、知り合いの女性にお子さんが誕生しました。やや小柄ですが元気な女の子。たまに抱っこさせてもらいながら、「お父さん似かなあ、それともお母さんかな?」などという会話をします。生後半年ぐらいの赤ん坊がどちらに似ているなんて正直分からないのですが、「鼻立ちのシュッとしたところはお父さんで、目のパッチリしたところはお母さん似かなあ」などと美点を取り上げて答えてみます。

うちの高校生の息子は最近僕に似てきたと妻に言われますが、エラが少し張っているところなどは妻の家系なのかなと心の中で思っています。絶対口に出しては言えませんが(笑)。まあ、僕と違って髪の毛はしっかりと生えているようなので安心です。

何が言いたいかというと、外見上、父方か母方のどちらかが強く出ることはあったとしても、片方だけにそっくりになるわけではなく、骨格や一つひとつのパーツ、そして最も肝心な肉体的、知的、精神的能力や性格などは父と母の双方から遺伝するということです。実際には両親のどちらにも似ているということであり、父からも母からも、もっと言うとそれぞれのおじいちゃんやおばあちゃん、そのまたお父さんやお母さんからも様々な要素をランダムに受け継いでいるということでしょう。つまり、父か母かという二者択一ではなく、どちらからもおおよそ平等に、遺伝的な影響をあらゆる面において受けている、というのが正確なところです。

そんな当たり前の遺伝についての考えですが、こと競走馬に関しては、僕たちは父の影響を大きく考えてしまうから不思議です。父である種牡馬と母である繁殖牝馬の産駒数からくるデータ量の違いがそうさせているのは確かですが、ディープインパクト産駒、ドレフォン産駒という見かたはあっても、（〇〇に母の名前を入れて）〇〇産駒という見かたは、シーザリオやエアグルーヴ級の名繁殖牝馬でなければあり得ません。いつの間にか、僕たちは父とどこが似ているかという見かたでしか見えなくなってしまっているのです。

そんな中、「ROUNDERS」vol.5で再録させてもらった故山野浩一さんの「血統理念のルネッサンス」に以下のような記述があり、ハッとさせられました。やや難解な言い回しですが、大事なことなので引用させてもらいますね。

> 生産状況の面でいえば、父馬は1年に40頭もの産駒をつくり、母馬が1年に1頭の産駒しかつくれないので、必然的に種牡馬は特に優れたものだけが供用され、牝馬は淘汰され難いことになる。つまり種牡馬は百点満点で九十五点以上のものしか残らないが、牝馬は三十点ぐらい以上のものが残ってくるので、産駒の能力差の生じる偏差は牝馬の方が大きい。
>
> だがもし、ずば抜けた遺伝的能力を持った種牡馬と牝馬があるとすれば、牝馬はその産駒だけに能力を伝えるだけなのに対し、牡馬は40頭もの産駒に能力を伝える。従って競走馬全体においては種牡馬の影響が断然強いだろう。特に競走馬の能力の劣った地域では、1頭の牝馬を導入してもさほどサラブレッドの能力水準は上がらないが、優れた種牡馬1頭を入れれば毎年40頭もの良血馬を生産できることになる。
>
> （中略）
>
> 競走馬の水準が上がれば上がるほど牝系中心の考え方に変わっていくことになり、もし現

代のサラブレッドが系統として進化の頂点に近づいているとすれば、もう種牡馬の時代ではないといえるかもしれない。

（「ROUNDERS」vol.5「血統理念のルネッサンス（再録）」より）

ここで山野さんが指摘しているのは、サラブレッド生産における構造上の問題です。牡馬は良血でG1レースを何勝もしなければ種牡馬になれずに淘汰されるのに対し（シルバーステートのような例外はいますが）、牝馬はそれほど血統が良くなくても（良血であれば未勝利でも未出走でも）繁殖牝馬として残されます。種牡馬は年間で数十頭、多ければ百頭以上もの子どもを残せるのに対し、繁殖牝馬はどう頑張っても1年に1頭しか産むことができません。良し悪しではなく、種牡馬になれるのは血統的にも肉体的にも優れている95点以上の牡馬だけであり、牝馬は30点以上であれば繁殖牝馬としてチャンスがあるということです。う〜ん、サラブレッドの世界は実に厳しいですね。人間で良かった（笑）。

さらに言うと、山野さんがこの文章を書いた当時と比べ、今の日本の生産界は人気種牡馬であれば年間で200頭近い種付けを行うことがザラになりましたので、種牡馬の偏りはより大きくなっているはずです。下手をすると、中央競馬の中距離G1レースなどは、片手で数えられるほどの種牡馬たちの産駒しか出走していないのではないでしょうか。牡馬として生まれたからには、95点以上でなければ種牡馬になれない、そして種牡馬としてもすぐに結果を出さないと淘汰されてしまうのが、現在の日本の生産界ということです。

つまり、僕たちが目の前にしている馬たちは、95点以上の種牡馬と30点以上の繁殖牝馬の間にできた産駒であるということです。子どもは父と母から半分ずつの影響を受けるとして、その能力にバラつきが生じるとすれば、それは母からの影響が極めて大きいという結論になります。たとえば、父が98点で母も85点であれば単純にその仔も90点以上になる可能性が高く、父が98点でも母が43点であればその仔はそれなりにしかならない可能性が高いということです。誤解を恐れずに言うと、産駒の出来、不出来を左右するのは、ほとんどの場合において繁殖牝馬ということです。「種牡馬が種であるとすれば、繁殖牝馬は畑」と生産者の方々は言います。どれだけ良い種を蒔いても、畑（土壌）が悪ければ、良い作物は育ちません。逆にどんな種を蒔いても、畑（土壌）さえ良ければ、立派な作物が育つはずです。もちろん、サラブレッドの能力は血統的なことから肉体的、精神的なことまで、複雑な要素が絡み合って構成されていますので、単純な数値化は無意味です。ただ、サラブレッド生産の構造上、繁殖牝馬の能力には種牡馬のそれとは比べものにならないぐらい大きな偏差があるということは確かなのです。

これだけ能力に偏差が生じているにもかかわらず、繁殖牝馬が僕たちの盲点になっているのは、1頭の繁殖牝馬あたりの産駒数が少ないからです。日本競馬全体で見ると、年間で100頭前後の産駒が走る種牡馬の能力は比較しやすいのに対し、年間1頭のみ、生涯で多くても10頭程度の産駒しか走らない繁殖牝馬の能力は見えにくい。エアグルーヴやシーザリオのような飛びぬけた繁殖牝馬は別にして、ほとんどの繁殖牝馬の個別の能力や可能性は表に現れにくく、よって過大評価もしくは過小評価されているのが現状です。僕たちは母を見てこなかったのです。

繁殖牝馬の馬体を下敷きにする

前置きが長くなりましたが、本題に入っていきましょう。この先、この馬の馬体がどうなるか？という未来の姿をイメージするための手がかりとして僕が提案するのは、繁殖牝馬の馬体です。つまり、募集馬の母の馬体ということです。もちろん、募集馬の馬体やその父（種牡馬）の馬体も大切ですが、それは今までも僕たちは良く見てきたはずです。血統派だから馬体は一切見ないという方もいるかもしれませんが、多くの方々は馬体を参考材料にするでしょうし、意識的にせよ無意識にせよ、この父だから将来的にはこういう馬体になりそうだと父と重ね合わせているはずです。

ところが、母（繁殖牝馬）の馬体は盲点になっています。母の血統（母系）は見たとしても、母の馬体は見ていない人がほとんどではないでしょうか。見えないと言っても良いかもしれません。募集馬カタログには、参考資料として種牡馬の馬体がズラリと並んでいますが、繁殖牝馬の馬体を見たことはありません。手がかりとしてすら与えられていないのです。何度も言いますが、産駒は父と母からおよそ半々の影響を受けているのであり、実は父（種牡馬）の馬体と同じぐらい、母（繁殖牝馬）の馬体は募集馬の未来に大きく影響を及ぼすにもかかわらず、です。

その馬の未来の姿を想像することについて、岡田牧雄さんはこうおっしゃっています。

岡田　私たちのように安く馬を買って走らせるためには、未来の姿を想像できなければいけません。「この筋肉は将来的に邪魔になるぞ」とか、「この馬は今こうだから、将来的にはこう良くなるぞ」という具体的な形でスタッフには話します。馬体だけを見て未来図を描くのは難しいので、この系統はこのような成長過程をたどるというように、血統背景や過去の経験を踏まえて予測していますね。

（一口馬主ＤＢ「岡田牧雄氏に聞く『馬を見る上で大切にすべきこと』」巻末に収録）

今の姿だけを見て、その馬が将来どのような馬体に成長するのかを想像することは、さすがの岡田牧雄さんにも難しい。言われてみれば当たり前ですが、占い師ではないのですから、今目の前にいるこの馬のトモの筋肉がどれだけ増えたり、どれだけ背が伸びるかなんて、見ただけで分かるわけがありません（笑）。それでは、岡田さんはどうしているかというと、その馬の系統、つまりお母さんや兄弟の馬体を下敷きにしながら（思い浮かべながら）、本馬の馬体を見ているのです。お母さんや兄弟はこういう馬体だったし、このような成長過程をたどったから、この馬も成長してこのような馬体になるだろうなと想像するということです。もちろん、兄弟姉妹は父が異なれば半分ほどしか参考になりませんし、母から半分の影響を受けている以上、基点となるのはやはり母（繁殖牝馬）です。事前情報や過去にその系統の成長過程を見比べてきた経験がなければ、未来を予測することなど誰にもできません。岡田牧雄さんが未来図を描くことができるのは、母（繁殖牝馬）を基点としたもうひとつの世界から馬を見ているからではないでしょうか。

繁殖牝馬の「胸の大きさ」と「トモの実の入り」、「顔」の3点

２０２１年10月下旬、僕は繁殖牝馬を購入するためにノーザンファーム繁殖牝馬セールに足を運びました。話すと長くなるので短く説明しますと、馬主になりたいと思って競走馬を買おうとして

いたのですが、良さそうな馬は高すぎて手に入らなかったり、厩舎には馬房数の関係で馬を預かってもらうのが難しかったりという競馬界の現状を知るにつれ、馬主になるよりも、自分で馬を生産した方が面白いと考えるに至りました。買う側ではなく作る側もしくは売る側に回るということです。さすがに牧場をイチからつくるわけにはいきませんので、友人の牧場に繁殖牝馬を預託する形を取り、生産の真似ごとをすることにしたのです。真似ごとという表現はいささか自虐的かもしれませんが、実際に日々馬の世話をしてくれている生産者の方々こそが真の生産者であり、僕は牧場の片隅を借りながら学んだことを語らせてもらっているだけにすぎません。

生産を手掛けるにあたって、まずは繁殖牝馬を仕入れなければいけません。繁殖牝馬は主に「ノーザンファーム繁殖牝馬セール（2022年からはノーザンファームミックスセールに改称）」と「ジェイエス繁殖馬セール（秋季と冬季の年2回開催）」で販売されており、僕はこの年は前者に買い付けに行くことにしました。1か月以上前からセリ名簿とにらめっこして、どの繁殖牝馬が良いのかを検討する日々。上場される70頭の繁殖牝馬は年齢も血統もまちまちであり、すでにお腹に仔を宿している受胎馬もいれば、つい最近、現役生活を終えて引退してきたばかりの未供用（空胎）馬もいます。それらの中から、この先、走る仔を生んでくれそうな繁殖牝馬を見つけるのです。僕の今までの人生の中で最も大きな買い物になりそうな予感がしましたので、かなりの時間や労力を費やして徹底的に調べ、自分の頭で考えてみました。

そうした過程の中、生産者としての視点でサラブレッドを見てみたことで、競走馬の裏側の世界に少し触れた気がしました。時計のコレクターが、趣味が高じて自分で時計を作ってみたら、一個一個の部品の意味や時計の構造などが分かり、今までとは時計が違って見えてきたような感覚でしょうか。今までの僕はいわば消費者側の視点でしか競走馬を見ていなかったのに対し、生産者側の視点で垣間見ることができたということです。この2つの世界の見え方を行き来できるようになったのは、僕にとって大きな収穫でした。

まず、走る馬を生産しようと考えたとき、どのような繁殖牝馬を選ぶべきでしょうか。これは僕の友人である、下村優樹獣医師から教えてもらったことですが、ポイントは3つあります。繁殖牝馬の「胸の大きさ」と「トモの実の入り」、そして「顔」の3点。これらの3点が、母から子に遺伝しやすいのです。

ひとつ目の「胸の大きさ」とは、厳密に言うと胸の容量を見るということです。胸の大きさ（容量）は、胸の「深さ」と「幅」で決まります。前著「馬体は語る」のおさらいをしておくと、胸の

「深さ」とは、き甲の最も高いところから、垂直に胸骨の下縁のところまで下した垂線の長さになります。つまり、胸の縦の長さのことを指します。き甲が高ければそれだけ胸は深くなり、成長と共に胸が深くなっていくのが理想的です。

胸の深さ

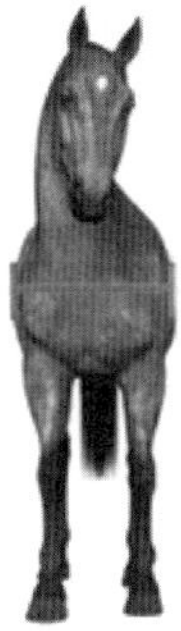
胸の幅

胸の「幅」に関しては、馬を真正面から見て、左右の肩の端の間の距離を言います。厳密に言うと、肩の骨や筋肉の幅も加わってしまうのですが、馬体の測定上の決まりとして、肩端間の距離で胸の幅を表すことになっています。つまり、胸の幅イコール馬体の幅ということです。

なぜ「胸の大きさ」が重要かというと、馬の肺や心臓はエンジンである以上、大きい方が良く、その大きい肺と心臓を収容する胸もまた大きく、広く、豊かであるべきだからです。肺や心臓が大きいからこそ胸も大きいのか、胸が大きいから肺や心臓も大きくなるのか、どちらが鶏で卵なのかというと難しいのですが、いずれにしても、胸の大きさはそのまま肺や心臓の大きさを示しているのです。「胸の大きさ」が母から子に伝われれば、産駒たちも大きなエンジンを積むことができる、その逆も然りというわけです。

2点目の「トモの実の入り」は、もう少し詳しく説明すると、股やお尻の部分を含めた後躯の容積を見るということです。こちらもおさらいしておくと、後脚の付け根にあたる股（もも／こ）は、尻と一体となっているため、外見ではどこまでが尻（臀部）でどこからが股なのか、見分けはとても難しい。あえて言うならば、後脚の付け根上部にある筋肉が盛り上がっているところが股にあたります。もちろん、後脚からのパワーを生み出す起点となる部分である以上、股の筋肉は発達していることが望ましく、股と脛（はぎ／すね／けい）の間に段差がつくほどに、外から見ても股に筋肉がついているのが理想的です。

後ろ脚上部付近(トモ)の各部名称

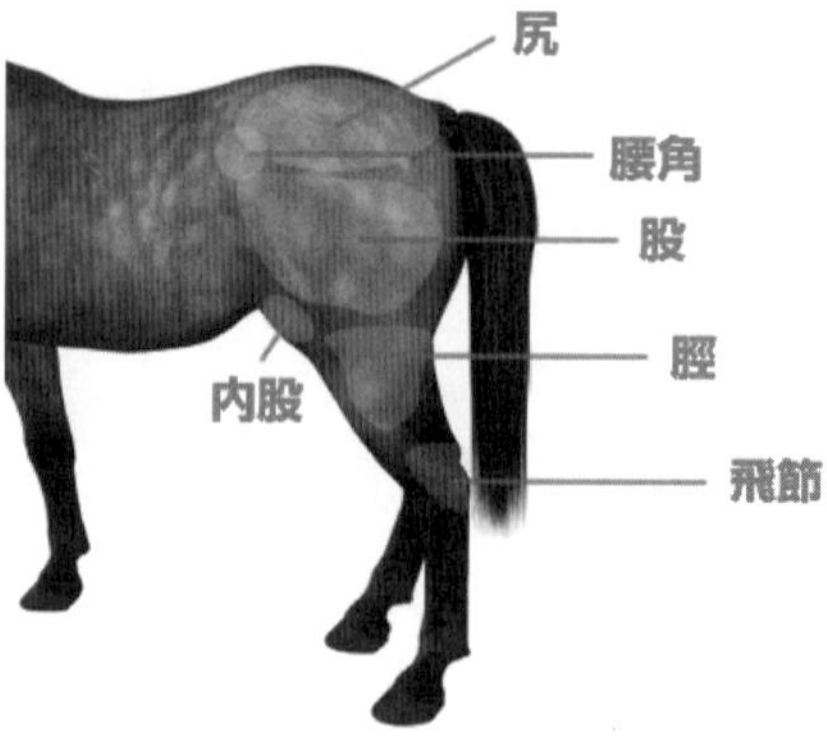

股は股でもよく見られるのは、内股の筋肉の充実でしょうか。内股の筋肉が充実していくると、股の厚みが増し、

股全体の幅が広がります。馬体を後ろから見たとき、股の部分の幅が腰角（こしかど／ようかく）のそれと同じか、それ以上に大きく張っているべきだとされます。こういう外から（横から）は見えない部分にも注目することも大切ということですね。

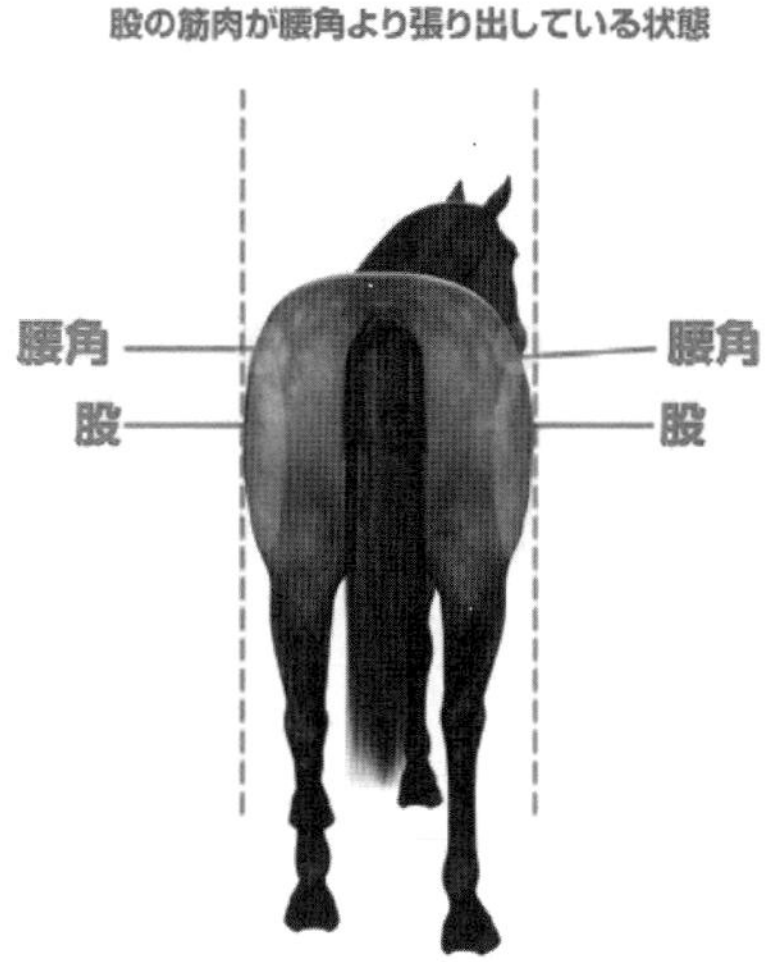

股の筋肉が腰角より張り出している状態

尻における臀筋（でんきん）が発達していると、それだけ馬体を前に押し出すために地面を蹴る力が強くなり、速く走ることができるようになります。これだけでもサラブレッドの馬体において尻が非常に大切な部分であることが分かりますし、走る能力が目に見える形で集約されているのが尻ということです。横から、後ろから、後躯部分に豊富に強い筋肉がついているかどうか、容積やその隆起を見るということですね。繁殖牝馬の後躯の容量や力強さは産駒に伝わることが多く、トモがしっかりとしている母の子はトモに実が入って力強くなるということです。

最後の1点は、繁殖牝馬の「顔」です。こちらもおさらいになりますが、耳の付き方や鼻筋の通り方、顎の張り方、口の締まり方など、頭の形や横顔の特徴からは、その馬の性格や知能が分かると言われています。米国ケンタッキー州にあるウィンチェスターファームの代表であり獣医師でもある吉田直哉氏は、繁殖牝馬を観るときにも顔が整っているかどうかを見ると言います。念のため再度引用させてもらいますね。

吉田直哉氏　新生子を見て良いと感じるその根拠となるのは、まず顔つきが整っていること。美顔であるべき理由は簡単で、競馬の歴史に名を残す優駿達は皆すっきりした顔立ちをしているからで、顔の良さは馬のレベルを表し、馬体全体のバランスを暗示するバロメーターのようなものだと考えています。私は現在いろいろな国で顧客のためにセリで1歳馬の鑑定をして購入する仕事もしていますが、目の前に曳き出された馬が歩様・馬格とも良い出来であっても、顔が気に入らなければ即リストから外します。この顔つきを観るということについては、新生子に限らず1歳馬や現役競走馬、繁殖牝馬を評価する時にも大切にしています。

（「ＲＯＵＮＤＥＲＳ」ｖｏｌ．４「馬を観る　当歳から1歳馬までのサラブレッド種の評価方法」より）

顔や頭の形が整っている繁殖牝馬は馬体のバランスや気性が良く、それらは母を通じて産駒にも遺伝することになります。顔つきそのものが似ることもありますし、顔の良さに象徴される馬体のバランスや気性の良さが仔に受け継がれることが最も重要です。トップアスリートは顔つきも精悍で小顔であり、僕みたいに頭でっかち（ちなみに60ｃｍ）な人間は、残念ながらアスリートとしては成功できないということです。

「胸の大きさ」と「トモの実の入り」、「顔」の3点は、もちろん現役の競走馬の馬体を見るときにも重要なポイントですが、繁殖牝馬からその仔たちに受け継がれやすい馬体の特徴として覚えておくべきです。つまり、繁殖牝馬の「胸の大きさ」と「トモの実の入り」、「顔」は最低限チェックしておくことで、その仔たちがどのような馬体に成長していくのか、その馬の未来の姿を半分は想像できるということです。半分としたのは、もちろん父である種牡馬の影響も考慮すべきであるからです。種牡馬の馬体と繁殖牝馬のそれを併せ見て、産駒の未来の姿かたちを僕たちは想像するべきなのです。

馬格のない繁殖牝馬

繁殖牝馬を見るときに大切な3つのポイント（「胸の大きさ」、「トモの実の入り」、「顔」）は、あくまでも基本的な視点であり、実際のところはどうなのでしょうか。胸が大きく、後躯に実がパンと入って、整った顔立ちの繁殖牝馬の仔は走っているのでしょうか、それとも血統さえよければ繁殖牝馬の馬体いかんに関わらず産駒は走るのでしょうか。

基本から大きく外れたフォームでも打ちまくる大リーガーのホームランバッターのように、往々にして理論と実践は違うことがあります。特に競馬の世界は、何が原因で走ったのか走らないのか因果関係を解き明かすのが難しいため、現実に則さない理論がまかり通っていたりすることもありますから、理論やデータは参考にしつつも、現実の手触りを何よりも重視していくべきだと思っています。そして僕が繁殖牝馬の馬体の大切さを語ろうと思ったのは、理論やデータありきではなく、実際に自ら繁殖牝馬を購入するにあたって、その現実に触れたからです。

ノーザンファームの繁殖牝馬セールに行って気づいたのは、売りに出されている繁殖牝馬を大きく分けると、「産駒の実績が乏しい高齢の繁殖牝馬」と「血統は良くても馬格のない繁殖牝馬」の

2パターンがあることに気づきました。

天下のノーザンファームも、さすがに自ら生産した全ての牝馬を抱え続けるわけにはいかず、毎年選定をしながら繁殖牝馬の入れ替えを行っています。より良い産駒を生む可能性の高い繁殖牝馬は残し、そうではないものは外に出していく。その逆はあり得ません。ビジネスとして当然のことです。ノーザンファームが放出した繁殖牝馬の仔が絶対に走らないということではありませんが、これまで1万頭近くの馬を生産してきた経験を踏まえ、あくまでも確率的に見て、走る産駒を生む繁殖牝馬とそうではない繁殖牝馬を峻別しているということです。

なぜノーザンファーム繁殖牝馬セールを例にとったかというと、もちろん僕が実際に身銭を投じて参加してみたからということが第一の理由ですが、もうひとつは、ノーザンファーム繁殖牝馬セールに出てくる繁殖牝馬は、ほぼ全ての馬たちがブラックタイプを血統表に多く持つ、生産者たちにとってはヨダレが出るような良血馬であり、決して血統が悪いから放出されたということではないのです。つまり、何か血統以外の理由があるということを意味します。

そうした前提のもと、「産駒の実績が乏しい高齢の繁殖牝馬」に関しては、12歳前後の繁殖牝馬が外に出されています。それまではノーザンファームにいられたわけですから、馬体的にも競走成績的にも血統的にも申し分ない馬が多く、それでも巡り合わせが悪く結果が出なかった（産駒が走らなかった）繁殖牝馬ということです。ある一定以上の年齢になると、産駒が走らなくなる（成績が悪くなる）のは統計上明らかですから、おそらくこの先も難しいと判断されたということになります。

母の馬体という今回のテーマと関係があるのは、もう1つのパターンである「血統は良くても馬格のない繁殖牝馬」です。ここで言う馬格のなさとは、馬体の小ささもしくは馬体重の軽さのことであり、実質的には「胸の大きさ」がなく、「トモの実の入り」が足りないこととほぼ同義です。具体的に言うと、400kgから430kgの間でデビューしている牝馬は馬格がないと考えて良いですね。馬体は小さい（馬体重は軽い）けれど、胸が大きくてトモにしっかり実が入っている、小粒だけどピリリと辛い山椒のようなタイプの牝馬もいますが、繁殖牝馬セールに出されている馬のほとんどはそうではありません。胸に大きさがなく（骨格の成長が乏しい）、トモに実が入っていない（筋肉量が不足している）からこそ、馬体が小さい（馬体重が軽い）、つまりアスリートの体つきとしては物足りないということです。分かりやすくするために、ここから先は、馬格のない、もしくは馬体の小さいという表現を使わせてもらいます。

競走成績が良い繁殖牝馬の子は走る？

競走馬の肉体としての物足りなさは、当然のことながら競走成績にも現れます。馬格がない牝馬のほとんどは、なんとかデビューにこぎつけて数戦するもレースについていくのがやっとで2桁着順ばかりであったり、なんとか1勝を挙げたもののその後、鳴かず飛ばずであったりします。また、育成の段階からちょっとした負荷をかけただけでカイ葉を食べなくなって馬体が減ってしまったり、馬体を維持するので精一杯で強い負荷をかけられず、形だけデビューさせて走らせてみたものの、とても競走に勝てるレベルにはなかったことなどが成績からも手に取るように伝わってきます。たとえディープインパクトを父に持ち、母系が優秀な良血牝馬であっても、競走馬としての馬体を有していないと実戦では勝負にならず、数戦しか走ることなく引退してしまいます。

ウインレーシングクラブの代表である岡田義広氏にインタビューさせてもらった中で、繁殖牝馬について、左のように言及されていたことが印象に残っています。

「私はとにかく母馬にどの種牡馬が合うのかということしか考えていません。根本的には『馬を売ろう』と思って配合しているのではなく、『その母馬が走る仔を出すかどうか』が最も大事だと思って生産にたずさわっています。（中略）お父さんとお母さんから50％ずつ能力を受け継ぐからこそ、うちにいる繁殖牝馬は自身の成績が良い馬が多いのです。シンプルな話ですが、競走成績が良いお母さんの方が良い仔を産む確率は高いと私は思っています」

（一口馬主DB「コスモヴューファーム見学インタビュー2022」より）

それじゃあ結局のところ、競走成績が悪い牝馬の仔は走らないってことですかね、と揚げ足を取ろうとする、勘の良い方がいます（笑）。たしかにアスリートとしての馬格を有していないから競走馬として結果は出ておらず、走らなかった牝馬の仔は同じく走らない、と言ってしまえばその通りなのかもしれません。ニアリーイコールというか、馬体は競走成績と密接な関係にあるのですが、僕からすると馬体が原因であり成績はあくまでも結果ですから、まずは馬体をしっかりと見極めることが大切だと思います。

馬体は良くても、何らかの理由で戦績に結びつかなかった馬など星の数ほどいます。逆に、突然変異的に強靭なバネを有していたり、フォームが良かったりして戦績は良かったけれど、アスリートとして必要な馬体の大きさは産駒に伝えづらいという牝馬もいるはずです。つまり、僕たちが本質的に見るべきは、その繁殖牝馬がアスリートとしての馬体を有していて、その資質を産駒に伝えることができるのかどうか。そうしなければ、せっかくの安くて走る馬を見逃がしてしまったり、走る可能性の低い馬を高値でつかまされたりすることになるのです。

母の馬格は仔に遺伝する

繁殖牝馬の馬体という視点で見てみると、馬格のない繁殖牝馬からは馬体が小さい馬が生まれてきていることが分かります。大ざっぱに言ってしまうと、どれだけの良血馬であっても、馬体が小さいことで自身も競走馬としては活躍できず、子どもたちにも馬格のなさを伝えやすく、その子たちも走らない確率が高いのです。馬格のない牝馬はなかなか走らないし、その産駒も馬体が小さく出るなんてことは、生産者の間では実体験として当たり前に共有されている話です。何を今さらと言われてしまいそうですが、僕は向こう側の世界に身を投じてみて初めて、母の馬体の重要さを実感しました。

生産者も手をこまねいて見ているばかりではありません。たとえ馬体が小さい繁殖牝馬であっても、何とかその血をつないでいこうと、馬体の大きく出やすい種牡馬を配合することでカバーしようとします。たとえば最近の種牡馬で言うと、キタサンブラックは自身が体高172cmもあり、現役時代は540kgの馬体で走っていた大型馬でした。産駒もキタサンブラックらしさが出る馬が多く、馬体の小さい繁殖牝馬との配合であっても、標準サイズの馬が出る傾向にあります。420kg台で走っていた繁殖牝馬にキタサンブラックをかけると、(牝馬か牡馬かによっても違ってきますが) 450~480kgぐらいの産駒が誕生するというわけです。あくまでも馬体重という見た目上の数字ではありますが、そうした形で繁殖牝馬の欠点を補強することはできなくはありません。また、補強を繰り返していくことで、その牝系が代を重ねるごとに馬格を取り戻しつつ、誕生した馬の中から走る馬が出ることもあります。

ただし、それはかなり長いスパンで見た話です。今、この父と母から生まれて、翌年にターフを走る産駒という視点で考えると、お父さんが500kgぐらいの雄大な馬体であっても、お母さんが400kgそこそこであれば、(性別によっても違いますが) 産駒は450kgぐらいの馬体にしかならない可能性が高いのです。というよりも、僕が伝えたいのはそうした母の馬体のネガティブな側面ではなく、もともとお母さんが480kgぐらいの馬格であれば、その時点で生まれてくる子どもには大きなアドバンテージがあるというポジティブな側面です。だからこそ、お母さんにある程度の馬格があり、さらに「胸の大きさ」と「トモの実の入り」、「顔」の3点を満たしているかどうか見ることは、その産駒が肉体的にも精神的にも走るかどうかを見極めるためには重要だということです。

繁殖牝馬の馬体の影響に気づくまでは、恥ずかしながら、競走馬としては大成できなかった牝馬であっても、繁殖牝馬としては花が開くかもしれないというストーリーを僕は信じていました。むしろ競走馬として無理をしなかった分、母としてその力を仔に注ぎ込めるのではないかと妄想していました。たしかに自身は身体が小さくて、競走馬としては活躍できなくとも、繁殖牝馬としては走る産駒を誕生させた牝馬はいます。が、あくまでも例外的なケースであって、母の影響が半分ある以上、繁殖牝馬がアスリートとしての体を有していなかったことは、その産駒にとって大きなディスアドバンテージになるのです。それはアスリートとしての資質がなかった牡馬が種牡馬になるのと同じ話です。たとえば、馬体が小さくて、1勝も挙げることが出来ずに引退した牡馬が種牡馬になっても、誰が大切な繁殖牝馬を連れて種付けに来てくれるでしょうか。

もちろん、キングカメハメハ×ブエナビスタ、またはディープインパクト×ウオッカなどの配合から必ず走る産駒が生まれるわけではないように、血統的にどの遺伝子が発現するのかは神のみぞ知る世界です。その後の環境因子によっても運命は変わってきます。それでも、アスリートとしての肉体という観点に沿って見た場合、父である種牡馬からは当然として、母である繁殖牝馬からも秀でた資質をそのまま受け継ぎたいわけです。

最近の名馬を例に挙げると、２０２１年の年度代表馬に輝いたエフフォーリアの母ケイティーズハートは、15戦３勝（いずれもダート戦での勝利）でしたが、競走成績はこれぐらいで十分なのです。３勝できる牝馬はそれほど多くいませんし、何よりもその馬体を見ると、４６８ｋｇでデビューして、５歳夏で引退するときには４８４ｋｇまで成長しています。ケイティーズハートの馬体を見てみると、決してマッチョなタイプではありませんが、首差しを含めて馬体全体に伸びがあり、馬格のあるパワータイプの馬であったことが分かります。だから５００ｋｇを超えるエフフォーリアが生まれたということではなく、ケイティーズハートからエフフォーリアが生まれる下地はあったということです。

２０２１年のジャパンカップを勝って引退した3冠馬コントレイルの母ロードクロサイトは、ダートの短距離を中心に走り、７戦０勝と未勝利のまま繁殖入りしました。デビュー時の馬体重が４８２ｋｇあったように、馬体を見てみると外国産馬らしく筋肉質でパワフルな馬体でした。ご存じのように、父ディープインパクトは馬体の小ささだけが種牡馬としてはネックになる可能性がありましたが、繁殖牝馬に馬格のある馬が集められたおかげで、自身の競走能力を伝えることに成功しました。コントレイルもその1頭であり、母がロードクロサイトほどのガッチリした馬体であったからこそ、軽さを残しつつも牡馬としてはパワーを削がれないギリギリの馬格（450kg台）で出走することができたのでしょう。

たとえ名種牡馬ディープインパクトを父に持っていても、馬体が小さかったばかりにレースでは勝てず、表舞台から消え去った馬たちは星の数ほどいます（特に牝馬）。コントレイルが誕生したのは奇跡的というか、突然変異に近いと思いますが、その宝くじを引き当てるための土壌はロードクロサイトにあったということですね。ロードクロサイトはレースを重ねるごとに馬体重を減らしていましたので、コントレイルも古馬になってそれほど馬体が大きく成長するタイプではなかったことが分かります。実際にデビュー戦とラストランの馬体重は456kgと同じでした。

このような例は枚挙に暇がありません。活躍馬の母を取り上げて、無理やり母のおかげだとしていると思われるかもしれませんが、そうではありません。あくまでも母の馬体はひとつの要因にすぎませんが、父の馬体と同じぐらい影響はあるにもかかわらず、盲点になっているということです。繁殖牝馬の馬体を見ることは、その産駒が将来的にどう成長し、どのような姿でレースを走ることになるのかを見極めるひとつの材料になります。僕が言いたいのは、父の馬体と同じように母の馬体も見ましょうということに過ぎません。走った馬の母の馬体や競走成績、馬体重を見てみると、皆さまも多くのことに気づかされるはずです。

母の馬体の見かた

ここまでは、母の馬体を見ることの大切さを説いてきました。募集カタログの立ち写真や動画からだけでは分からない、その馬の未来の姿を見極めるために、僕たちは母の馬体も見なければならないのです。次は具体的にどのようにして母の馬体を見て、解釈し、出資馬選びに役立てていくかについて語りたいと思います。

最初に見るべきポイントは、前述したように、繁殖牝馬の「胸の大きさ」、「トモの実の入り」、「顔つき」です。これら3点を中心として、現役時代のレースやパドックの映像や写真で母の馬体全体のつくりをチェックするべきです。それぞれの種牡馬に馬体の特徴があるように、繁殖牝馬によっても特徴は異なります。繁殖牝馬の場合は、1頭1頭の馬体を見なければならないため非常に手間がかかるのですが、試してみる価値はあると思います。

母が一口クラブの馬であれば、募集時のカタログ写真を見直してみることができるはずです。「一口馬主DB」の個別の馬のページには、募集時の立ち写真が載っているものもありますので、それを見て特徴を掴んでみてください。お母さんが募集時にはどのような馬体を有していたのか分かると思います。ただ、募集時のカタログ写真は盛られている面もありますので、たとえば手肢が長くてやや線の細いタイプの馬体であるとか、牝馬にしては筋肉量が豊富で胴部が詰まってパワータイプだとか、あくまでも全体的な馬体の特徴を知ることぐらいしかできないはずです。

現役時代の馬体を見るためには、繁殖牝馬の名前をGoogleなどで画像検索してみましょう。最近のある程度の馬であれば、現役時代に走っていた頃の馬体の写真が見つかるはずです。レース中の写真からパドックでの姿形など、また一口クラブの出身馬であれば見学ツアーの写真まで出てくるかもしれません。見学ツアーの写真はふっくらしすぎているので、現役時代のレース写真もしくはパドック写真（映像）が最も参考になると僕は思います。

そこには飾り気のない生身の姿が映し出されています。募集時のカタログ写真や見学ツアー時の馬体とはかけ離れた姿に驚くかもしれません。腹が巻き上がってしまっている馬もいれば、目をむいて恐ろしい表情をしている牡馬もいるはずです。それほどにサラブレッドにとって競走生活は苛酷であり、特にアスリートとしての肉体を有していない馬にとっては苦しい時期なのです。

現役時代の馬体を見て、胸が大きく、トモに実がしっかりと入っていて、目つき顔つきが良い牝馬であれば、それはサラブレッドとして十分な肉体を有していた証です。たとえ競走馬としては目立った存在ではなかったとしても、父（種牡馬）の力を上手く生かすことさえできれば、自分を超える一流馬を生むことも十分にあり得えます。気まぐれな遺伝子の発現に恵まれることがあれば、立派なアスリートを生み出せるチャンスを秘めているということです。逆に肉体的な下地が整っていない繁殖牝馬は、よほどの突然変異が起こらない限り、産駒が走る可能性は低いということになります。

母の現役時代の馬体重

その次に見るべきは、募集馬の母が現役時代にどのような馬体重で走っていたかです。胸が大きく、トモに実がしっかりと入っていて、目つき顔つきが良いかどうかは、時として主観が入ってしまいがちですが、現役時の馬体重は数字として客観的に把握できるため、馬格のあり・なしが明白です。

現役時代の馬体重に関して、さすがに400kg以下は稀だと思いますが、400~420kg台で走っていた牝馬はざらにいるはずです。このあたりはレッドゾーンというか、端的に言うと、競走馬としても繁殖牝馬としても、馬格がなさすぎると考えてよいでしょう。中にはメロディーレーンのように、小さな馬体を余すことなく使って屈強な牡馬たちに立ち向かう牝馬はいますが、かなりレアなケースだと考えた方が良いと思います。

ちなみに、メロディーレーンの母メーヴェは現役時代、450kg台の馬体重で22戦を走り、5勝を挙げてオープン勝ち（丹頂ステークス）を果たしています。馬体全体のバランスが非常に良く、顔つきを見ると大人しくて利口な馬であったことが伝わってきます。オルフェーヴルの産駒は小さく出てしまうことが多く、メロディーレーンはその影響を受けているのでしょう。下のタイトルホルダーは父がドゥラメンテに変わり、460～470kg台の馬体で走って菊花賞を勝ちました。メロディーレーンは父と母から高い身体能力と心肺能力を受け継いで4勝を挙げていますが、馬体がもっと大きければ既にG1に手が届いていたかもしれません。あのメロディーレーンでさえ、母は450kg台の馬体であったことは覚えておいて良いでしょう。

430kg～460kg台は微妙なラインです。このゾーンの中には、競走馬としての馬体を有しておらず馬体重が軽いタイプと、馬体のサイズは大きくはないけれども競走馬としてつくべきところに筋肉はついているので走るタイプの両方が混在しています。ほとんどは前者ですが、このゾーンの牝馬たちに関しては、競走成績と照らし合わせてみたり、「胸の大きさ」や「トモの実の入り」、

「顔」といった馬体のつくりを見るべきです。後者に属する牝馬であれば、その産駒には競走馬として期待ができるということです。

エピファネイアやリオンディーズ、サートゥルナーリアらを生んで、種牡馬の母として名繁殖牝馬の座を不動のものにしているシーザリオは、現役時代450~460kg台の馬体重で走りました。馬体の印象からは、もう少し馬体重があるのかと思っていましたが、調べてみて意外に軽くて驚きました。それほどにシーザリオの馬体は牝馬らしい線の細さが全くなく、皮膚感が良く黒光りして、惚れ惚れするような素晴らしい馬体でした。もちろん、胸が大きく、トモにも豊富に筋肉がつき、精悍な表情をしていました。シーザリオを例に挙げてしまうのは極端だとは思いますが、相手（種牡馬）を選ばず、産駒に確実に競走馬としてのベーシックな身体能力を伝えていくことができるのは、自身の馬格がしっかりとしているからですね。

460kg~490kgのゾーンに当てはまる牝馬に関しては、競走馬としては牡馬にパワー負けするかもしれませんが、繁殖牝馬としては十分なサイズです。馬体が大きく出る種牡馬を選んで種付けをする必要がほとんどありませんし、たとえ牝馬が生まれてきてもそれほど華奢な馬体には出ないという安心感があります。つまり、最初から馬体面におけるディスアドバンテージがなく、

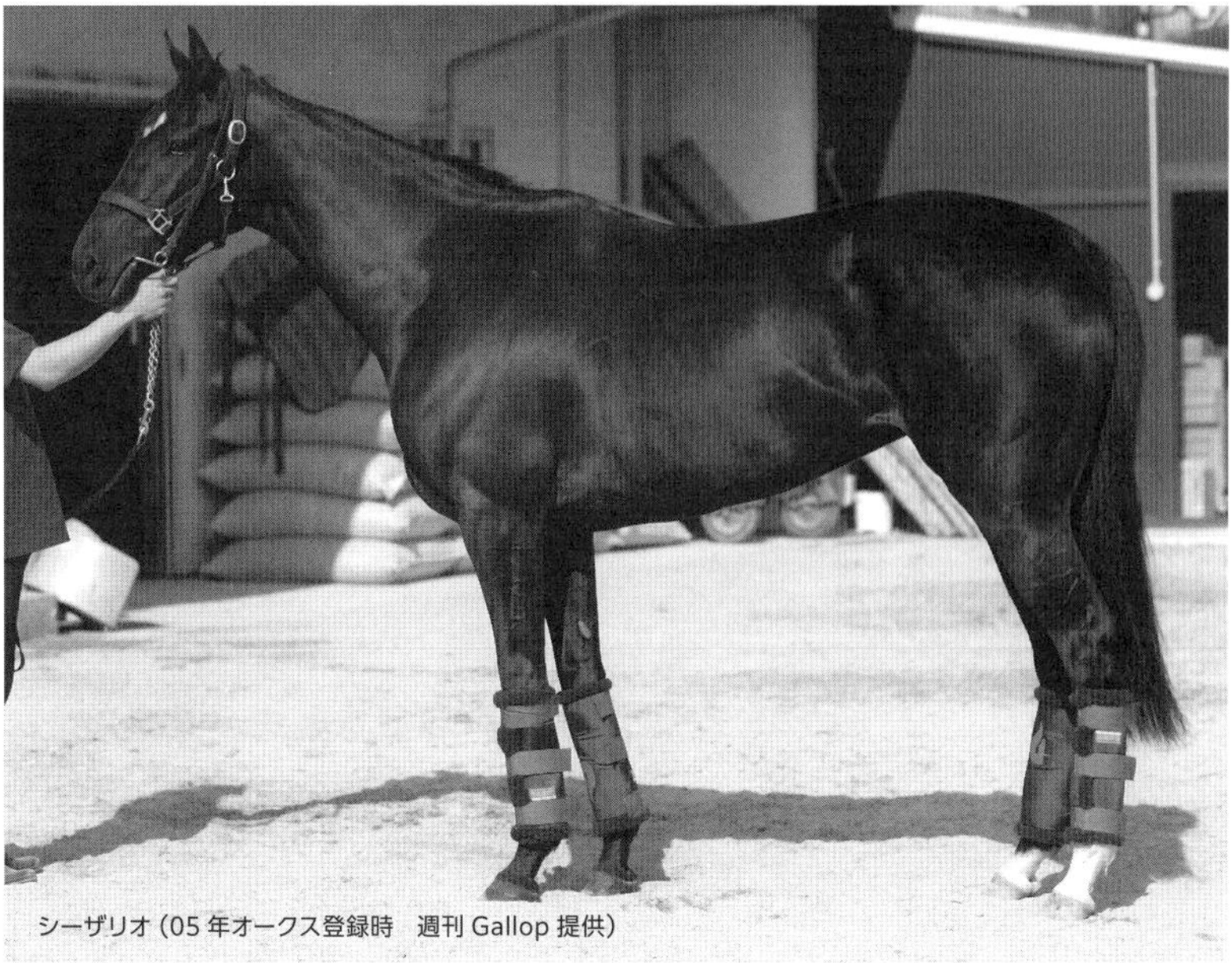
シーザリオ（05年オークス登録時　週刊Gallop提供）

種牡馬の選択肢も幅広いということです。

４９０ｋｇ以上の牝馬は、すでに十分に馬格に恵まれており、全く問題がありません。種牡馬を選ばない繁殖牝馬ということであり、生産者にとっては羨望の的ですね。もちろん、馬体重が大きいだけで、競走馬としてつくべきところに筋肉がついていない、アスリートとしての肉体を有していない馬もいますので、馬体はしっかりとチェックすべきです。

シーザリオと同じく、種牡馬の母としても日本の競馬界に大きな影響を与え続けるエアグルーヴは４６０〜４７０ｋｇ台の馬体で走り、歴戦の牡馬をねじ伏せて天皇賞・秋を勝ち、ジャパンカップ２着、有馬記念と宝塚記念を３着し

エアグルーヴ（97年天皇賞秋登録時　週刊Gallop提供）

ました。競走馬としての成績はシーザリオよりも明らかに上ですね。エアグルーヴも牡馬顔負けの馬体を誇っていました。胸が深くてトモにはパンと実が入り、聡明な顔つきであり、牡馬と並べても見分けがつかないほどパワフル。特に、胴部がやや詰まったように映るのは、牝馬としては腹構えが立派だからでしょう。産駒も総じて中型以上の馬格を有し、ルーラーシップは500kg前後、アドマイヤグルーヴは460〜470kg台で走りました。さすがにディープインパクトと配合した牝馬グルヴェイグとラストグルーヴは、450kg台とやや小さく出てしまいましたが、それでも決してレッドゾーンには入りませんでしたし、両馬ともに馬体のつくりは素晴らしく、実戦でも勝利を挙げています。

ロンドンブリッジ（98年桜花賞登録時　週刊Gallop提供）

「種牡馬というのは神さまのような存在である」という考え方がありますが、種牡馬が神であるとすれば、種牡馬を誕生させた繁殖牝馬は聖母マリアのような存在でしょうか。エアグルーヴやシーザリオに次ぐ聖母マリアになると僕が考えているのはロンドンブリッジです。ロンドンブリッジは下河辺牧場で生産され、ファンタジーステークスを勝利し、桜花賞2着の実績があります。G1勝ちこそなかったため、現役時代はそれほど目立った存在ではなかったのですが、ダイワエルシエーロ（2004年オークス）やグレーターロンドン（2018年中京記念）、ビッグプラネット（2006年京都金杯）など、産駒たちが活躍して名繁殖牝馬の地位を確固たるものにしました。

ロンドンブリッジの現役時代の馬体を改めて見てみると、短距離馬らしい胴部が詰まった馬体であり、特にトモの実の入りが素晴らしいです。シーザリオと比べると馬体全体の伸びやかさには欠けますが、牝馬らしからぬパワフルな馬体を誇っています。オークスは距離が長く、10着に敗れてしまいましたが、馬体重を見ると470kg。1998年オークスに出走した他の牝馬と比べても、ひと回り大きいですね。ちなみに、当時のオークスで1、2、3着に入ったエリモエクセルとエアデジャヴー、ファレノプシスはそれぞれ422kg、436kg、430kgの馬体重でした。ロンドンブリッジの馬体の大きさこそが、直接の産駒たちのみならず、後世にまで影響を与え続けている秘訣ではないでしょうか。

牝系の栄枯盛衰は馬格にも秘密がある

ロンドンブリッジとディープインパクトとの間にできた仔ブリッツフィナーレから菊花賞馬キセキが誕生し、同じくディープインパクトと配合されたグレーターロンドンは種牡馬として好スタートを切りました。産駒のロンドンプランは小倉2歳ステークスを制し、他の産駒たちも仕上がり早く、コンスタントに勝ち上がっています。馬産地の人気も急上昇。2023年度は種付け料が

150万円に上がったにもかかわらず、あっという間にBOOKFULLになってしまいました。キズナやコントレイル、シルバーステートに続く、ディープインパクトの主な後継種牡馬の1頭となりそうな勢いです。もう一度述べておくと、繁殖牝馬として、自分の子どもたちだけではなく、孫の世代にまで影響を及ぼすためには、やはり馬体の大きさは絶対条件になります。牝系の栄枯盛衰は馬格にも秘密があると僕は思っています。産駒たちの馬体がしぼんでくるにつれ、牝系も先細りしてしまう、その逆も然りということです。

一口馬主クラブの制度がスタートしたばかりの頃、ひょんなことからロゼカラーに出資することになり、ビギナーズラックを得た友人がいます。橋口弘次郎厩舎に入厩したロゼカラーはデビュー戦を勝利で飾り、次走のデイリー杯3歳ステークスも連勝してみせました。初めて出資した馬がわずか2戦目であっさりと重賞を勝ってしまったのですから、一口馬主は実に美味しいと思ったことでしょう。ロゼカラーは結局のところG1レースを勝つことはできませんでしたが、小さな馬体から鋭い末脚を繰り出して、オークスは4着、秋華賞は3着と好走し、大きな夢を存分に見せてくれました。そして、彼の一口馬主運の良さはそこにとどまりませんでした。

ロゼカラーが思いのほか賞金を稼いでくれたことで、彼にはさらに出資する余裕が生まれ、当然のことながら、思い入れのあるロゼカラーの弟妹やその仔に出資することにしました。この頃はバラ一族といった牝系の総称はありませんでしたし、まさかこんなにもロゼカラーや母ローザネイを起点とした牝系が発展することになるとは夢にも思わなかったそうです。もちろん、期待ほどには走らなかった馬もいましたが、ロゼカラーの弟ロサードは産経賞オールカマーなど重賞5勝、同じく弟ヴィータローザはセントライト記念など重賞3勝を挙げ、そしてロゼカラーの初仔となったローズバドはフィリーズレビューを勝利し、オークスや秋華賞、エリザベス女王杯では僅差の2着と激闘を演じました。その他、ロゼカラーの仔ローゼンクロイツなど、両手では数えきれない活躍馬がバラ一族から誕生したのです。

バラ一族の特徴のひとつとして、馬体が小さいことが挙げられます。前述したロサードは410～430kg台と、牡馬としてはかなり小さい部類に入り、ヴィータローザも460～470kg台とそれほど大きくはありませんでした。ローズバドは410～430kg台と牝馬にしても小柄で、誰の目にも線が細く映りました。非力でパワー不足の面は否めないのですが、日本競馬のスローペース化や馬場の改良という時代の変化に加え、サンデーサイレンスの血の勢いも借りて、軽い芝の馬場で一瞬の切れ味を生かす競馬に、この牝系特有の馬体の軽さが見事にマッチしたということでしょう。

　ところが、日本競馬の高速馬場化が顕著になるにつれて、バラ一族から活躍馬が出なくなりました。Ｇ１レースはともかく、重賞で好走する馬もほとんどいなくなりました。ローズキングダムがジャパンカップを勝った２０１０年あたりを境として、バラ一族の勢いがパタっと止まってしまったのです。アメリカから馬格のある繁殖牝馬が続々と導入され、その産駒たちが馬体の大きさを生かして、高速馬場を速いタイムで駆け抜けるようになりました。バラ一族の美点でもあった馬体の軽さが時代にマッチせず、牝系自体が衰退しようとしていたということです。

　もちろん、関係者たちも指をくわえて見ていたわけではありません。代を経るごとに、バラ一族が時代にフィットするように、種牡馬を選んで掛け合わせてきたのです。たとえば、２０２２年の秋華賞を勝利したスタニングローズは、名前からも分かるように、バラ一族の血を引いています。ローズバドの初仔であるローザブランカ（父クロフネ）は３勝を挙げ繁殖入りし、最初に生んだバンゴールは５勝、そして７番仔でありバンゴールと同じくキングカメハメハを父に迎えたのがスタニングローズです。

　クロフネやキングカメハメハなど馬格のある産駒を出す種牡馬が配合されたことで、少しずつ馬体が大きくなっていることも見逃せません。ローザブランカは４４０～４６０ｋｇ台、スタニングローズは470～480kg台で走っているように、時代に合わせ、バラ一族の長所でもあり短所でもあった馬格のなさが解消されているのです。今まで馬格のなさゆえのパンチ力不足で、G1のタイトルを惜しいところで逃してきましたが、スタニングローズほどの馬格が牝馬としてあったからこそ、バラ一族にとって久しぶりのG1勝利に手が届いたのです。牝系の勢いを見るときには、それぞれの繁殖牝馬の馬体の大きさにも注目してみると良いでしょう。それほど、繁殖牝馬の馬格は直仔のみならず孫にまで大きな影響を及ぼすということです。

母の馬体重の推移と成長力

馬体重に関してもうひとつ見ておきたい点は、馬体重の推移、言い換えると成長度合いです。デビュー時の馬体重とキャリアを重ねてから晩年までの馬体重にそれほど変化がない牝馬もいますし、少しずつ成長して馬体重を増やす牝馬もいれば、どこかの時点でグッと馬体重が増加する牝馬もいます。

多くの牝馬がデビューからラストランまでそれほど馬体重が増えることなく、同じレンジの馬体重で走ることが多いのは、減らないように現状維持するだけで精一杯だからでしょう。アップダウンが激しい牝馬もいますが、キャリア全体を通じてみればおおよその推移や成長度合いが掴めるはずです。

たとえば、ブエナビスタ（デビュー時452→ラストラン時470kg）やアーモンドアイ（472→490kg）はデビューから少しずつ馬体を増やしているのに対して、ダイワスカーレット（494kg→494kg）やジェンティルドンナ（474→470kg）、ウオッカ（494kg→494kg）はデビューからラストランまでほぼ変わりない馬体重で走っています。ブエナビスタやアーモンドアイは牝馬らしくやや線の細いタイプだけに、陣営が馬体重を少しでも増やそうと努めた足跡がうかがえますね。ジェンティルドンナはディープインパクト産駒の牝馬にしては、生まれたときから雄大な馬格を有していましたし、ウオッカはデビュー時点から牝馬離れした馬体を誇っていました。

グランアレグリアは458kgでデビューして506kgでラストランを終えていますので、およそ50kgを競走生活中に増やしたことになります。藤澤和雄調教師が常に余裕を持たせて仕上げていたことは確かですが、ラストランとなったマイルチャンピオンシップを上がり3ハロン32秒7の強烈な末脚で勝利したのですから、決して重め残りの馬体で競馬をしたのではなく、グランアレ

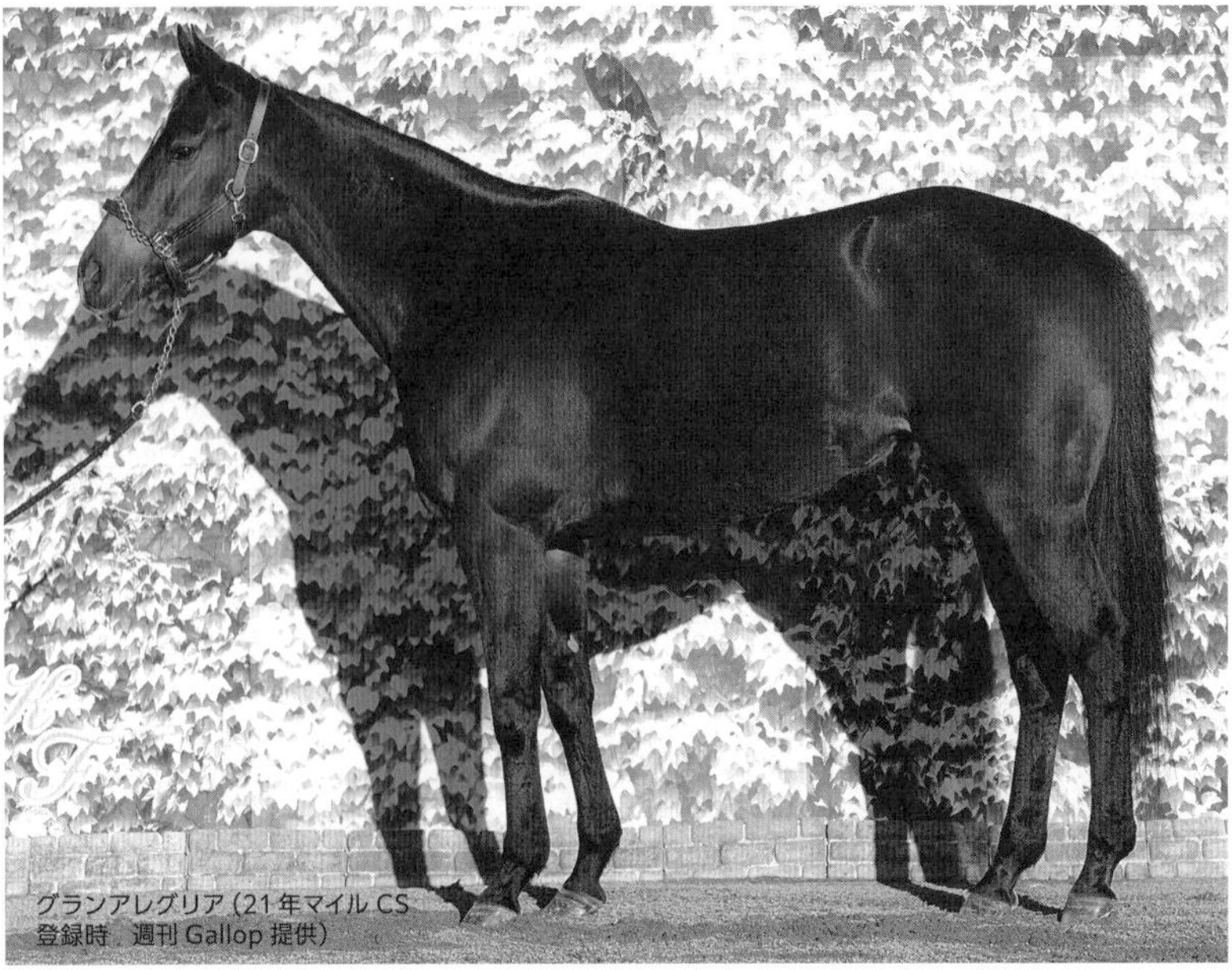
グランアレグリア（21年マイルCS登録時、週刊Gallop提供）

グリアに驚異的な成長力があったのだと思います。グランアレグリアの産駒も、使われながら馬体を成長させていくのではないでしょうか。

レースを使っていくうちに馬体重を増やしていったような牝馬の場合は、その産駒にも馬体の成長力が期待できます。たとえば、430kg台でデビューして470kg台で晩年は走った牝馬がいたとすれば、前述した460kg～490kgのゾーンとして考え、その産駒も募集時点で馬体が小さくても、将来的には大きくなることが予測できるはずです。

また、母がもともと馬格のある馬だった場合、たとえその本馬は募集時には小さかったとしても、将来的には馬体重を増やしてくる可能性が

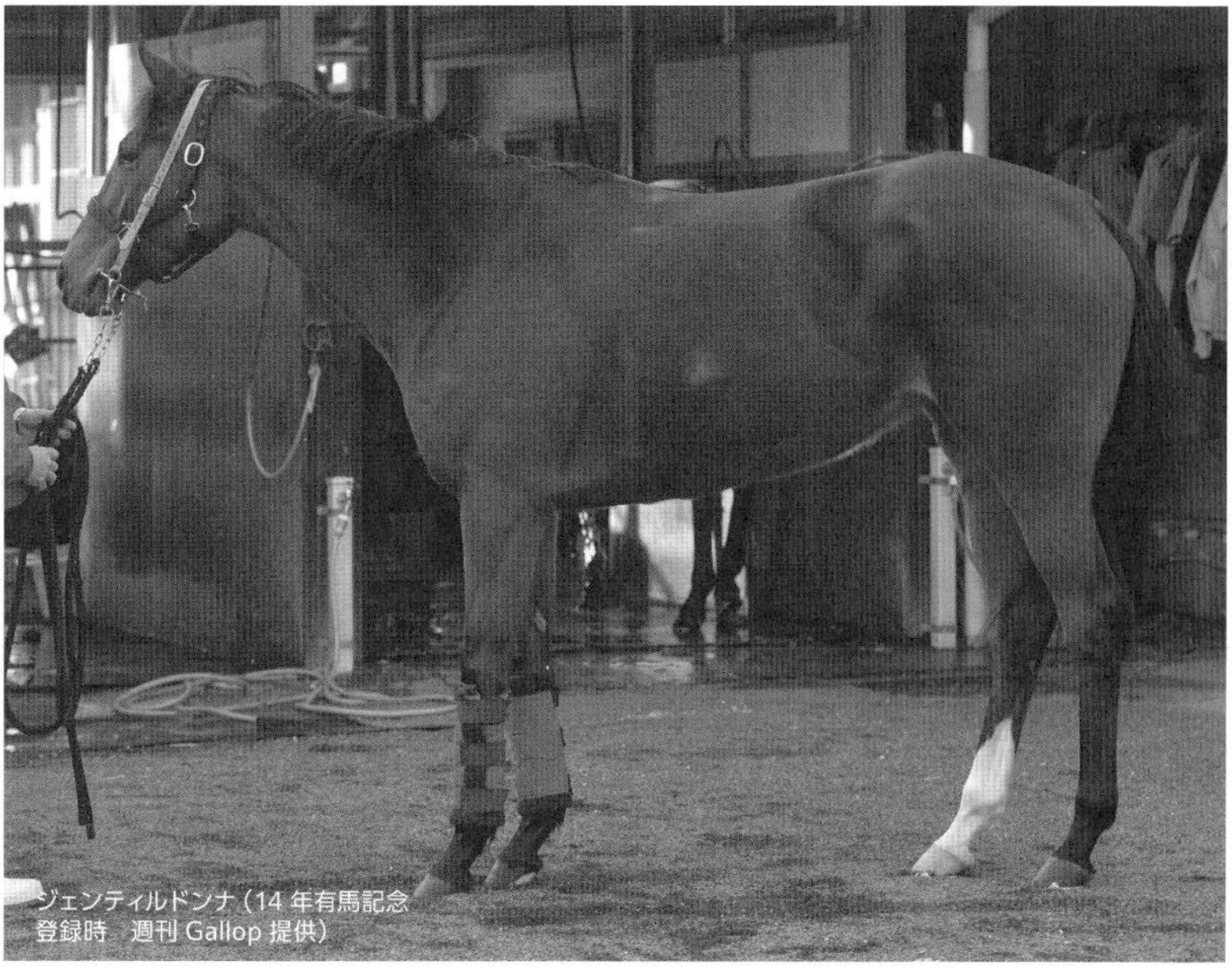
ジェンティルドンナ（14年有馬記念登録時　週刊Gallop提供）

あると期待することもできます。たとえば、ジェンティルドンナの仔であり2022年のエリザベス女王杯を制したジェラルディーナは、2、3歳時こそ420～440kg台の馬体重で走りましたが、古馬になってから急激に馬体重を増やし始め、エリザベス女王杯を勝ったときは470kgでした。牝馬らしい美しいラインはそのままに、馬体全体に実が入って大きくなったのです。もちろん、父（種牡馬）によっても馬体の成長力は違ってくるのですが、ジェラルディーナの本格化は母ジェンティルドンナのもともとの馬格があったからこそだと僕は思います。

競走成績は肉体の資質を物語る

もうひとつ大事なのは、繁殖牝馬の現役時代の競走成績です。母の競走成績に関しては、当たり前ですが、たくさん勝っている方が望ましいです。生産者が牝馬の1勝にこだわっていた意味が昔はあまり理解できませんでしたが、今は良く分かります。未勝利で終わった牝馬と1勝できた牝馬では競走馬としての資質が全く違いますし、1勝しかできなかった牝馬と2勝できた牝馬の間にはこれまた大きな違いがあり、そして2勝と3勝ではさらに価値が異なるということです。

産駒が高く売れるかどうかという問題でもあるのですが、何勝しているかはアスリートとしての肉体の資質を如実に語ってしまうからです。それだけ競走馬にとって1勝を挙げることは難しく、勝ち上がった馬たちの間でさらに勝ち上がる2勝目はもっとハードルが高くなります。ピラミッドを想像してみてもらうと分かるように、未勝利で競走生活を終える馬が最も多く、勝ち上がった馬、2勝目を挙げられた馬、さらに3勝した馬と上に行けば行くほど頭数は少なくなっていきます。オープンまで登り詰めた繁殖牝馬などは探すのが難しいはずです。

その馬が現役生活で何勝したかは、競走馬としての資質を示してくれます。そもそも十分な肉体を有していない馬はデビューすら叶いません。怪我や病気はまた別の話ですが、育成・調教中の負荷に肉体が耐えられず故障したり、飼い葉を食べなくなってやせ細ってしまったり、体調を崩してしまったりしてデビューすらままならない牝馬は星の数ほどいます。

何とかデビューにこぎつけたとしても、とても他馬と競走して勝てる状態にはなく、馬群の後ろをついて回っただけのレースを数戦して引退してしまう馬も数知れず。メンバーに恵まれて勝ち上がれたものの、1勝クラスになると勝ち負けどころかレースにすらならずに引退してしまう馬も多いでしょう。

それでも馬体さえしっかりしていれば、調教やレース経験を重ねているうちに少しずつ強くなり、相手関係や展開などに恵まれた場合、運よく2勝目を挙げることができるかもしれません。さらにクラスが上がった3勝目も同じ。G1レースを勝つような名牝は飛び抜けた身体能力を持っているのであまり参考になりませんが、ほとんどの牝馬にとって、アスリートとしてどれほどの肉体を有していたかを、その競走成績が物語ってしまうのです。

たとえば、4戦3勝して引退した牝馬がいたとして、その競走成績だけで相当な能力を秘めていたことが分かります。無事に走り続けていたら、もっと勝てたかもしれません。馬体重や馬体のつくりとの兼ね合いもありますが、競走成績だけでその馬のアスリートとしての資質が伝わってきますし、未知の魅力もありますね。また、25戦して2勝を挙げて引退した牝馬がいたとすると、25戦のキャリアを重ねられたこと自体がすでに競走馬としての丈夫な肉体を有していたことの証だと思いますし、その中で2勝を挙げたのであれば、先ほどの4戦3勝の牝馬と同等もしくはそれ以上の価値があると僕は考えます。何勝を挙げたのかだけではなく、生涯において何戦を走ることができたのかも重要な指標のひとつではないでしょうか。

馬体の大きい馬は走る

最後に元も子もない話をします。僕が自らの手で走る馬をつくろうとして気づいたことは、前述したように繁殖牝馬の馬体の大切さでした。胸に大きさがあって、トモにしっかりと実が入っている繁殖牝馬とは、つまり馬格のある繁殖牝馬とほぼ同義でした。そして、馬格のあり・なしは馬体重という指標で示されます。馬格のある馬は馬体重が重く、馬格のない馬は馬体重が軽いということです。骨量と筋肉量の比率によるわずかな差はあるかもしれませんが、馬体は小さいのに実が詰まっていて馬体重がやけに重かったり、馬体が大きいのに中身がスカスカで馬体重が軽いなんていう馬はいないのです。

それではなぜ、馬格のある繁殖牝馬が良いかというと、馬体の大きい産駒を産むからです。もしくは産駒に馬体の成長力を伝えるからです。馬体重の重い産駒と言い換えることもできます。なぜ馬体の大きい（≒馬体重の重い）産駒が良いかというと、馬体の大きい産駒は走るからです。そして、馬体の大きい馬は走るからこそ、馬主さんも馬体の大きい馬を高く買い求めるようになり、生産者も馬体の大きい馬をつくろうとします。競馬に何らかの形でたずさわる以上、このサイクルから僕たちは逃れることができません。

ここに出走馬体重別の競走成績（生涯獲得賞金と勝ち上がり率）のデータがあります。このデータから分かることは、馬体重が重い馬ほど生涯獲得賞金も勝ち上がり率も高いという単純な事実です。芝とダートに分けて勝ち上がり率を見てみても、（芝よりもダートの方がより顕著ですが）やはり馬体重が重い方が勝ち上がり率は高いことが分かります。馬体重が５００ｋｇを超えると数値が下がっているように見えるのは、サンプル数が激減することによるバラつきかもしれません。そして実は、ここには掲載しませんが、馬体重が重い馬ほど実戦のレース（芝・ダート問わず）における勝率、連対率、複勝率が高いというデータもあります。つまり、馬体重が重い馬ほど良く走るということです。

●平均出走馬体重ごとの競走成績

	頭数	平均生涯獲得賞金	勝ち上がり率
~390	225	112	3.1%
400	337	174	7.1%
410	676	253	10.4%
420	1102	499	15.1%
430	1656	621	18.2%
440	2234	767	23.7%
450	2622	1202	29.5%
460	2901	1415	35.2%
470	2854	1768	38.5%
480	2609	2023	42.0%
490	2136	2099	45.5%
500	1593	2359	47.3%
510	1084	2275	46.2%
520	676	2114	45.9%
530	390	2148	45.9%
540~	346	1971	39.3%
	23441		

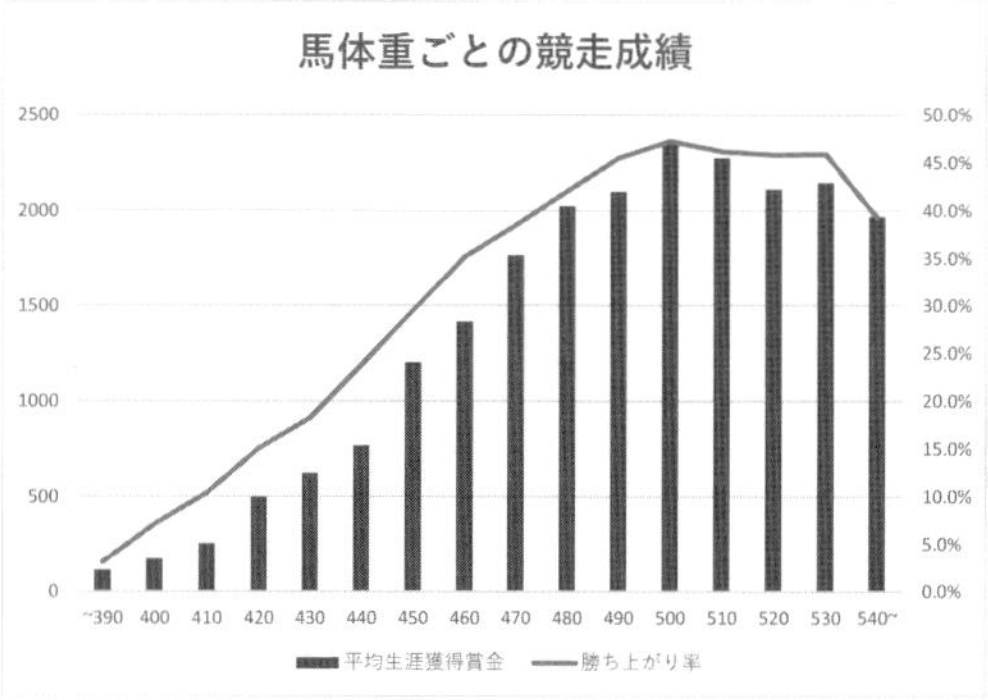

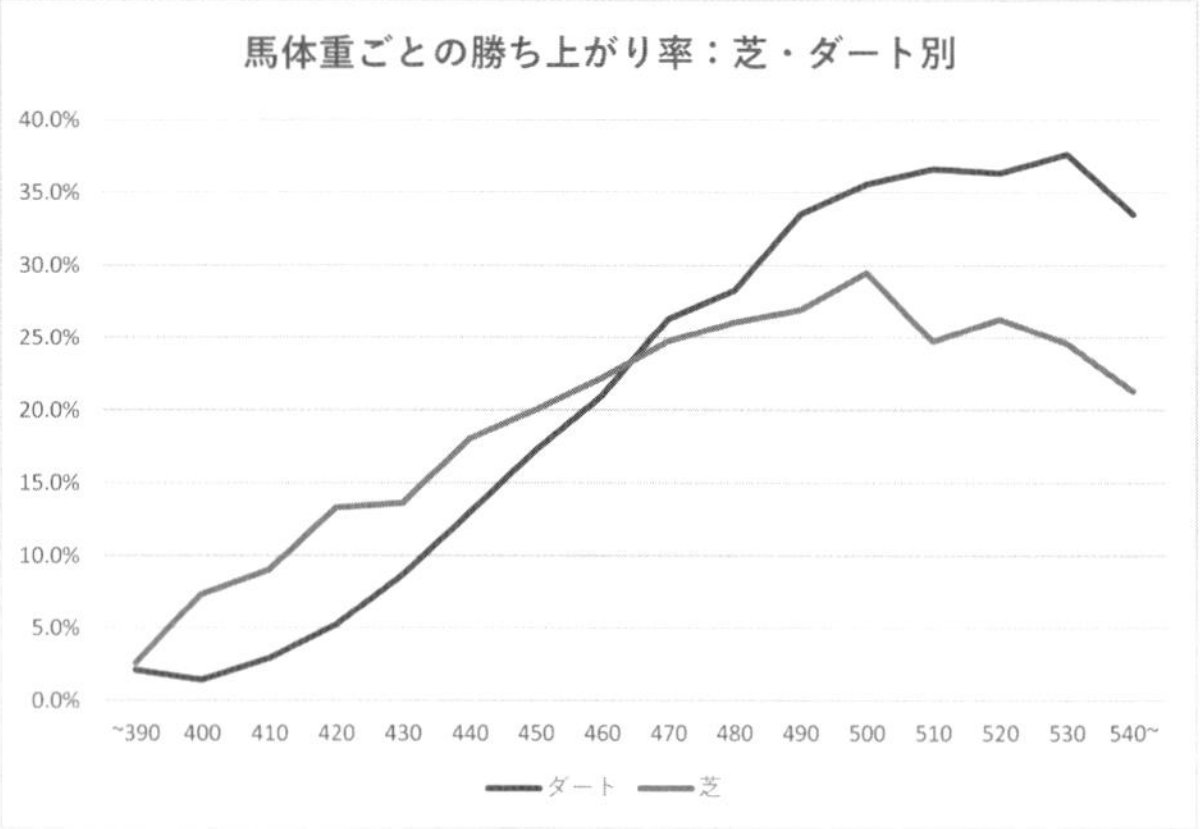

●馬体重ごとの勝ち上がり率：芝・ダート別

	ダート		芝	
	頭数	勝ち上がり率	頭数	勝ち上がり率
~390	143	2.1%	194	2.6%
400	213	1.4%	314	7.3%
410	480	2.9%	621	9.0%
420	773	5.2%	1009	13.3%
430	1223	8.7%	1501	13.6%
440	1710	13.0%	1919	18.0%
450	2095	17.2%	2222	20.0%
460	2422	21.0%	2353	22.2%
470	2446	26.3%	2181	24.7%
480	2260	28.2%	1876	26.1%
490	1909	33.5%	1431	26.9%
500	1429	35.5%	1021	29.5%
510	997	36.6%	688	24.7%
520	605	36.4%	403	26.3%
530	380	37.6%	187	24.6%
540~	340	33.5%	169	21.3%
	19425		18089	

＊平均出走馬体重とは、一頭ごとの出走時平均を用いており、例えば3戦して470kg、480kg、490kgの馬がいれば、平均値480kgとして、480kg台に分類されます。

集計対象：2013年度～2017年度の5世代

馬体が大きいことによる3つのアドバンテージ

馬体が大きいことには、3つのアドバンテージが挙げられます。「肉体的なパワーがあること」、「フットワークが大きいこと」そして「エンジンが大きいこと」です。

「肉体的なパワーがある」とはそのままの意味で、馬体が大きい馬はそれだけパワーを有しているということです。たとえばボクシングなどの格闘技で体重別に階級が分かれているのは、体重とパワーの間に密接な関係があるからです。重さはパワーと考えても良いぐらいです。ダート戦のように重い馬場であれば、前に進むためにはどうしても肉体的なパワーが必要になります。また、競馬は格闘技と言われることもあるように、実際のレースでは各馬はぶつかったりぶつけられたり、馬群の中では、「おしくら饅頭」のように揉まれることもあります。馬体の小さい馬は当たり負けして、それだけで消耗してしまいます。勝負どころで馬群をこじ開けるためにはパワーが必要になることもありますね。

馬体が大きいことは、「フットワークが大きいこと」にもつながります。馬体重が重いといっても、筋肉量が豊富でマッチョな（馬体に幅がある）馬は少し違うのですが、横から見たときの面積が大きい（背が高くて、胴部に伸びがあり、手肢も長い）馬も必然的に馬体重は重くなります。たとえば、キタサンブラックは引退時の有馬記念は５４０ｋｇの馬体重でしたが、馬体の幅自体は薄くて、背が高く（身長１７２ｃｍ）、胴部には伸びがあって、手肢のスラリと長い馬体を誇る馬でした。このような馬体の馬は一完歩ごとのフットワークが必然的に大きくなり、馬体の小さい馬と比べて、前へと進む力が強くなります。

「エンジンが大きい」というのは、繁殖牝馬の胸の深さの箇所でも書いたとおり、馬の肺や心臓はエンジンである以上、大きい方が良く、その大きい肺と心臓を収容する胸もまた大きく、広く、豊かであるべきです。つまり、馬体が大きい馬は当然のことながら胸部にも大きさがあり、それはそのまま肺や心臓の大きさを示しているのです。ディープインパクトやステイゴールドのように、小さな（軽い）馬体に大きなエンジンが搭載されているのが競走馬としては理想の状態ですが、あくまでも例外的な存在です。総体的には馬体の大きな馬には大きなエンジンが積まれており、その逆も然りです。

もちろん、あまりにも馬体が大きすぎても、脚元に不安が出やすかったり、仕上がりにくかったり、パンとするまでに時間を要するなどのディスアドバンテージもあります。しかし、それ以上に、アスリートとして争う上でのアドバンテージは余りあるのです。にもかかわらず、小さい馬も大きな馬も同じ条件で走るのが競馬というスポーツなのです。

だからこそ、馬を買う側も馬体の大きな馬を求め、それに応じて生産者も馬体の大きな馬をつくろうとする。馬体重を気にする人に対して「（重さを計って売り買いする）肉屋ではない」と揶揄したい気持ちも分かりますし、馬体が大きければ良いというものではないことも皆分かっているのですが、それでも馬体の大きな馬にはアドバンテージが多くあり、実際に走るのです。昔は小さい馬が生まれたと言って頭を抱える生産者の気持ちが分かりませんでしたが、今なら分かります。できるだけ大きい馬が良いという基準は、（一口）馬主の視点から見ても、生産者の視点から見ても、決して間違っていないと僕は思います。全てはつながっているのです。

現代の日本競馬における理想のサラブレッドとは

最後に、日本馬の大型化について述べておきたいと思います。僕が競馬を始めた30年前と比べて、日本馬が全体として大型化しているという話です。なぜ大型化しているかというと、馬体の大きい競走馬が多い米国の血統が導入され続けたことに加え、繁殖牝馬の飼養管理（栄養や適度な運動等）

状況が良くなり、より大きな仔を産めるようになったこと、そして生まれてからも豊富な栄養や運動によって、より大きく成育できるようになったことが大きいです。できるだけ大きい仔を産ませて、大きく育てようという生産者の意識が生産・育成技術を向上させてきたのです。なぜかと言うと、しつこいようですが、大きい馬は良く走るので高く売れるからです。

日本馬の大型化を肌で感じたのは、2022年のジャパンカップでした。パドックにて、海外馬たちが歩く姿を見て、想像していたよりも大きくないと感じたのです。僕が勝手に向こうの馬は馬格もあって大きいと思い込んでいただけなのですが、パリ大賞の勝ち馬であるオネストは454kg、5連勝中のドイツ馬テュネスは442kg、前年のジャパンカップ5着馬であり今年の凱旋門賞も5着したグランドグローリーは470kg、ニエル賞を制したシムカミルは486kgと、実際に馬体重を見てみても、日本馬と比べて大きいどころかむしろ小柄です。

ジャパンカップを勝ったのは518kgのヴェラアズールであり、2着のシャフリヤールは450kgと小柄ですが、3着ヴェルトライゼンデは494kg、4着の牝馬デアリングタクトは484kg、そして5着のダノンベルーガは500kgと、上位を占めた日本馬たちは総じて馬体重が重い、つまり海外馬に比べて馬体が大きいのです。

ヨーロッパの重い芝で走っている馬たちは、スタミナとパワーが問われるため、馬体が大きく、また日本のような走りやすい芝の馬場においては、スピードと軽さが問われるため、馬体が軽い方が瞬発力を発揮しやすいというのは、全て僕の思い込みに過ぎませんでした。むしろ現実はその逆であり、日本競馬の高速馬場化が進むにつれて、活躍馬は大型化しているのです。

ダート戦ならまだしも、日本の芝の高速馬場においても、馬体の大きな馬の方が走るというのは、ほとんどの競馬ファンの直観に反するのではないでしょうか。しかし、ヨーロッパの中長距離馬たちよりも日本馬の方が馬体は大きいことや、先のデータで示したとおり、ダートだけではなく芝のレースにおいても大型馬の方が成績は良いという事実は受け入れざるを得ません。ダート戦のような力の要る重い馬場に限って馬体の大きさが有利に働くのではなく、絶好の高速馬場においても馬体の大きさはアドバンテージとなるのです。

馬場の高速化と活躍馬の大型化の相関関係を考えたとき、ふと人類史上最速のランナーであるウサイン・ボルト選手が頭に浮かびました。２００９年ベルリンの世界陸上において、１００m走で9秒58を叩き出し、当時の世界記録を更新したシーンが鮮明に蘇ってきたのです。あのとき周りにいたランナーたちも十分に筋骨隆々でしたが、ウサイン・ボルトはさらにひと回り大きく、手肢が長くて、頭ひとつぶん以上、背も高かったです。調べてみると、ウサイン・ボルトは身長１９５c m、体重94kgという馬体、いや身体を誇っていました。スタートしてから50m地点を超えて、さらにトップスピードに乗ってからの伸びは桁違い。足の回転数が同じであれば、一歩一歩のストライドが大きい分、遠くへ進めるということが誰の目にも明らかでした。

僕たちにとっての足が速いというイメージは、子どもの頃に身体は小さくても敏捷であった子に引っ張られているかもしれませんが、アスリートの世界においての速さのイメージとはウサイン・ボルトのそれです。競馬の世界に話を戻すと、ヨーロッパの競馬場のような凸凹の馬場をウサイン・ボルトのように身体の大きい人が走るとバランスを崩したり、足を取られたりして走りにくいかもしれませんが、日本の競馬場のような走りやすい馬場においては、身体の大きさをそのまま生かすことができるのです。馬場が高速化すればするほど、大型馬が活躍するのも頷ける話です。

これからますます日本馬の大型化は進むはずです。（一口）馬主も生産者も、日本競馬にたずさわる人たちが求めているものは同じだからです。もちろん、ただ大きいだけではなく、走るために必要な筋肉が豊富に付き、馬体のフレームも大きく、搭載されているエンジンも大きい馬が理想的です。そのような大きな馬を僕は生産者としてつくりたい、そして（一口）馬主としては手に入れたいと願います。（一口）馬主の世界も生産の世界も、一周してつながっていたのです。見え方こそ全く違えども、見ているものは実は同じだったのです。そう、「ルビンの壺」や「妻と義母」といった騙し絵のように。

母の馬体を見ることから始めよう

それじゃあ、結局のところ、募集時に公表される馬体重の大きな馬を狙えば良いってこと？　と思われる方がいるかもしれません。たしかに募集時の馬体重はひとつの参考材料になります。１歳春もしくは夏、秋の時点でこれぐらいの馬体重であれば、将来的にはどれぐらいになるという目安にはなるはずです。たとえば、「一口馬主ＤＢ」で利用できる、「馬体重成長シミュレーション」というツールを使ってもらうと、もちろん個体差は生じますが、デビュー時のおおよその馬体重を予測することが統計的に可能です。

ただし、その先、レースを使いながらの馬体重の成長にはバラつきがありますので、父と母の成長力を踏まえて予測してみなければいけません。父である種牡馬の成長力はイメージが湧く方は多いはずですから、大切なのは母（繁殖牝馬）の成長力です。母の馬体がどのような成長過程を辿ったのかを知っておくことは、将来馬体の大きな馬を手に入れるためには必要不可欠です。

そもそも、募集時に公表される馬体重は各クラブによってバラつきがあると僕は思います。同じ時期に取材しても、全体的に馬体重が重いなと思わせるクラブもあれば、軽いなと思わせるクラブもあります。前者のクラブの馬たちが、成長が早くて大きいということではなく、その時点である程度馬をつくっているという理由が大きいです。馬体重が大きい馬の方が売れやすい（小さい馬は売れにくい）ことはクラブ側も重々承知していますので、出資してもらいやすくするために少しでも馬体重を大きく見せたいのが本音でしょう。だからこそ、募集時に合わせて馬をつくるのです。

同じことは測尺にも言えますね。たしかに胸囲や管囲、体高などの情報は人為的につくりにくい数値ではありますが、あくまでもその時点での馬体の大きさの目安にしかすぎません。管囲に関してはミリ単位ということもあり、測定者や測定する時間帯によって違いが出てくることもあまり知られていません。

最も大切なことは、将来的にその器が順調に大きくなり、付くべきところに十分な筋肉が付くかどうかです。そのあたりは、やはり父だけではなく母の馬体を知っていなければ予測することは難しいはずです。種牡馬と繁殖牝馬の影響は半々です。僕は繁殖牝馬の馬体を見ましょうと述べましたが、それは繁殖牝馬だけを見ましょうという意味ではなく、種牡馬も繁殖牝馬もどちらも見ましょうということです。両者の馬体を見て、それから産駒の馬体を見ることで分かることがあるはずです。兄姉がいるとすれば、彼ら彼女たちの馬体を見比べてみても良いでしょう。兄姉馬は父との組み合わせが異なることが多いため、あくまでも補助的ではありますが、参考材料にはなるはずです。

僕がここまで長々と述べてきたのは、結局のところ、鳶（とんび）が鷹を生む可能性は極めて低いということです。乱暴なたとえであることは百も承知ですが、鳶から鷹が生まれるわけがありませんよね。だって、鳶の体の大きさと鷹のそれでは全く違いますし、そもそも骨格から何から全く違います。鳶からは鳶しか生まれませんし、鷹は鷹からしか生まれないのです。

僕たちはこれまで、繁殖牝馬の馬体をほとんど見てこなかったのです。母系（母の血統）は重視することはあっても、母の馬体は盲点になっていました。種牡馬に関しては、馬体から血統、気性、成長力まであらゆる要素を考察してきたのに対し、繁殖牝馬の馬体は無視され続けてきました。「産駒の能力差の生じる偏差は牝馬の方が大きい」と血統評論家の山野浩一さんが指摘したのを受け、「産駒の馬体差の生じる偏差は牝馬の方が大きい」と馬体派の僕は考えます。つまり、どの種牡馬も立派な馬体を誇っているのに対し、繁殖牝馬の馬体には実にバラつきが大きく、その偏差が各産駒の馬体差として現れているということです。

まずは母の馬体を見ることから始めましょう。生産者の視点で最高に走る馬をつくろうと考えたとき、真っ先に思い浮かぶ繁殖牝馬の馬体の重要さが、なぜか僕たちが走る産駒を選ぶときにはすっぽりと抜け落ちてしまっています。そこには大きなギャップがあり、それを埋めることこそが、走る馬選びにおける最後の重要なピースになるのは間違いありません。この章を読んでくださったことで、皆さまに新たな視点が加わり、新しい馬体の見かたの世界を垣間見てもらうことができたなら幸いです。

2章

あいまいなワードシリーズ

馬の世界にあふれる「あいまい」な言葉

競馬の世界には、あいまいな言葉が溢れています。特に馬体について語るとき、僕たちは驚くほどにあいまいな言葉を使いたがります。

「馬体が緩い」、「まだパンとしてこない」、「脚元がスカッとしない」、「ゴトゴトしている」などに始まり、「背中が良い」、「力が上に逃げる」、「チャカつくところがある」等々、馬の身体の使い方から気性に関することまで、実にあいまいな言葉だらけ。競馬のことを知らない人やビギナーが聞くと、まるで異国の言語のように不思議に思われるかもしれません。

競馬の世界で用いられるあいまいな言葉は、具体的に伝えたくても言葉で表現し難いものであったり、あえて直接的に表現することを避け、いわば婉曲的に、真意をぼやかそうとする目的もあるのではと感じています。様々な思惑が絡み合い、あいまいな言葉があいまいな言葉を生み、たとえばクラブのレポートや募集馬カタログ、関係者の評価コメントなどで僕たちが目にするあいまいな言葉は、高度に発達してきたのです。

ところで、こうしたあいまいな言葉はいつ頃から使われるようになったのでしょうか。人口に膾炙（かいしゃ）するというと大げさですが、いつしか堰（せき）を切ったように競馬ファンの間でも日常的に話されるようになり、耳馴染みのあるものとなったのは、何をきっかけとしているのでしょうか。

あいまいな言葉の「起源」を考える

そんな疑問を抱いたのは、僕の記憶が定かであれば、競馬にまつわる昔の書籍や雑誌の中であいまいな言葉、たとえば「緩い」という表現を目にしたことがないからです。そこで僕がここ数十年で読んできた競馬本の中で、それらしき言葉が出てきそうなテーマの本を読み返してみたところ、やはりたったひと言も拾い出すことができませんでした。

つまり、ほとんど使われていないというよりも、ゼロもしくはゼロに近い。ひと昔前までは、少なくとも一般の競馬ファンが読む書籍や雑誌の中に、「緩い」に代表されるようなあいまいな言葉はほとんど存在しなかったのです。

あくまでも推測というか、僕の仮説になりますが、馬産地や競馬関係者の間ではあいまいな言葉は昔から使われていたにもかかわらず、一般の競馬ファンに対しては使われていなかっただけなのではないでしょうか。あくまでも仲間内の隠語であり、メディアというフィルターにかけられて外に出るときには分かりやすい言葉に変換されていたということです。それだけ競馬サークルと一般の競馬ファンの間には大きな隔たりがあったということであり、またあらゆる情報は大手競馬メディアを介して間接的に競馬ファンに伝わっていたということではないかと思います。

状況が変わったのは、一口馬主ファンの急増がきっかけです。それまでは馬券の当たり外れやそこにまつわるロマンを楽しんでいた競馬ファンが、一口馬主という新しい競馬の楽しみ方を知ったことにより、サラブレッドの生産や育成というステージに興味を持つようになったのです。自分の出資馬の状況が知りたい人はクラブからのより詳しい情報を求めるようになり、また生産や育成にたずさわる関係者から直接話を聞く機会も増えてきました。

そうして競馬ファンと競馬サークルの距離は急激に縮まり、それに伴い、それまでは内輪だけで使っていた隠語を誰かが話すようになり、発信されることで、一口馬主ファンのリテラシーが格段に上がっていったのです。ひと昔前までは、競馬サークルの中にいた人たちしか使っていなかった言葉を、今では一般の競馬ファンが当たり前に口にする時代になったのです。

そのような時代において、僕たちが当たり前のように使っているけれども、よく考えてみると意味が分からずに使っているあいまいな言葉について、一度この機会にはっきりとさせておいた方が良いのではと思い立ちました。

一口馬主として結果を求めるのであれば、あいまいなものをあいまいにしておかず、そのあいまいな言葉の背景にある真意や根拠、心理を探って理解するべきです。さあ、僕と一緒に、あいまいな言葉の謎を解き明かしにいきましょう。

①「緩い」とはどういうこと？

あいまいさを語る上で、まずはこの言葉から始めないわけにはいきません。「緩い」です。もしかすると、この言葉以上に競馬の世界であいまいに使われている言葉はないかもしれません。

サラブレッドに携わる人たちの現場に行くと、緩いという言葉を聞かない日はありません。あらゆる場面で緩いという表現が用いられるため、聞いているこちらも聞き慣れてしまうほど。それはまるでツイッターやフェイスブックのいいね！と同じぐらいの軽さと頻度で使われていると言っても過言ではありません。そして、一度その言葉を使ってしまうと、その使い勝手の良さからかヘビーユーザーになってしまうという感染力の強さもあるようです（笑）。

緩いという言葉を聞いて、故岡田繁幸氏と岡田牧雄氏の岡田兄弟を思い浮かべる競馬ファンは少なくないはずです。もしかすると、緩いという言葉の発信源なのではないかとさえ思ってしまうほど。その岡田牧雄氏は、かつてインタビューさせてもらったとき、緩いということについてこう語ってくれました。

岡田牧雄氏　馬体が緩いというのは、飛節や繋ぎなどの関節から馬体全体に至るまで、全てが緩いということです。そして、成長過程において、緩さがなくなっていくことがあります。たとえばトニービン産駒のように、飛節が曲がっていたり、繋ぎが緩かったりした馬が、レースを使うごとに飛節が起きて真っすぐになり、繋ぎがしっかりとしてくる馬がいました。だからトニービン産駒には、晩年になって走ってくる馬が多かったのです。でもトニービンは特別で、ほとんどの種牡馬はそうではないですね。

（中略）
サンデーサイレンスの系統もかなり緩いのですが、並はずれた筋力やバネがあるからこそ成功しました。サンデーサイレンスとイージーゴアのぶつかり合いのレース（プリークネスS）を観れば分かります。イージーゴアが真っすぐに走っているところに、サンデーサイレンスの方からぶつかりに行って、自分で勝手に体勢を崩して、それでもまた巻き返して接戦に持ち込んで勝ちました。バネがありすぎて、アメリカの土のような硬い馬場は合っていなかったのは明らかです。あの馬が凱旋門賞を使っていたら楽勝していたのではないでしょうか。
（一口馬主DB「岡田牧雄氏インタビュー」より）

まず緩さというのは、飛節や繋ぎなど関節（サスペンション）部分における緩さのことです。関節（サスペンション）部分の緩さが集まって、馬体全体の緩さを形成しているということ。それから、緩さというのはあくまでも一時点での状態であるということ。決して固定されたものではなく、今緩かったとしても、成長過程において緩さはなくなっていくこともあるのです。

ハッと思わせられたのは、サンデーサイレンスについて言及されたことです。サンデーサイレンス自身もその産駒も馬体が緩かったにもかかわらず、筋力とバネの強さがそれを補う形で走ったというわけですが、ここに緩いという言葉の発生源を見た気がしました。

もしかすると、緩いという言葉がパンデミック的に広まったのは、サンデーサイレンスが日本競馬に登場して以降のことなのではないでしょうか。つまり、緩いという表現はサンデーサイレンスが発祥ということです。サンデーサイレンスやその産駒はよくグニャグニャという表現をされるように関節等が柔らかかったのですが、それまでの日本馬の常識では考えられなかった、グニャグニャでも走る状態を示すために、緩いという言葉が流布していったのかもしれません。

医学的に見た「緩さ」

もう少し具体的に話を進めていきましょう。緩いとはどういうことなのか、前著「馬体は語る」にも登場してくれた下村優樹獣医師が、医学的な観点からこう教えてくれています。

下村獣医師　馬体の緩さはよく使われている言葉ですが、しっかりと定義されているものではなく、競馬関係者でもなんとなく発信し、受け取った方もなんとなく理解しているかもしれません。私たちが競走馬に対して「緩さ」という言葉を使うのは、主に腰と脚元に関して。たとえば、1歳馬を見る際に「繋《つな》ぎが緩い」や「トモが緩い」という言葉が飛び交うことになります。

まず、脚元が緩いことに関しては、球節と蹄の間の部分（横写真から見ると脚元の斜めに傾いている部分）である繋ぎが、歩いて地面に着地したときや踏み込んだときに過剰に沈下するように見えることを指しています。

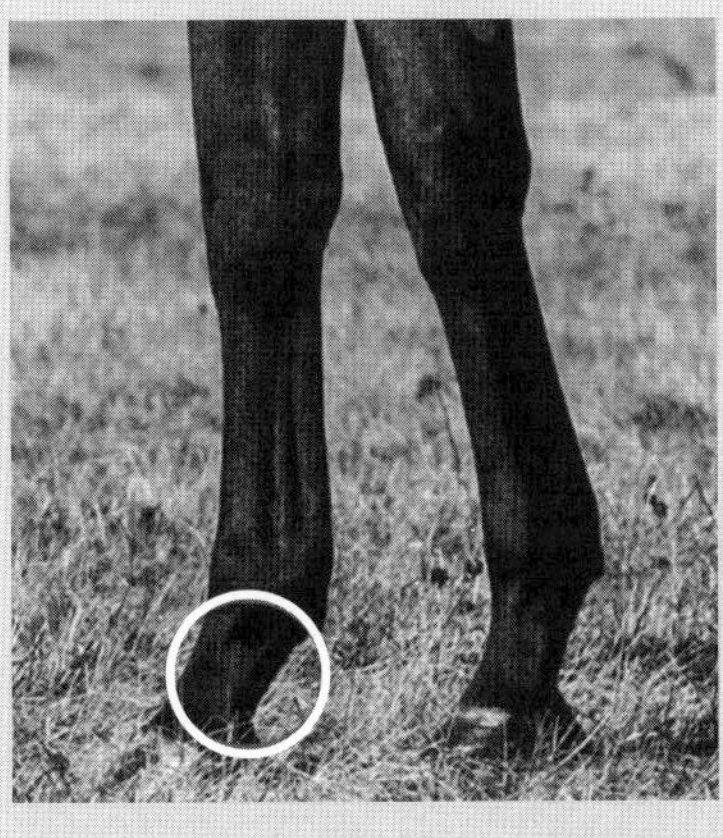

人によっては、繋ぎが沈みすぎることだけで、その馬の能力を否定する方もおられるのですが、それだけで能力全体を見極めるのは勿体ないです。Ｇ１を勝つような馬は別として、そういった馬でもいくつか勝ち星を挙げる馬はいます。

次に、トモの緩さについて説明します。歩いているとき、後肢の踏み込みが弱く見えたり、お尻が横にブレているように見えたり、後躯の動きが頼りなく見える動きを示します。

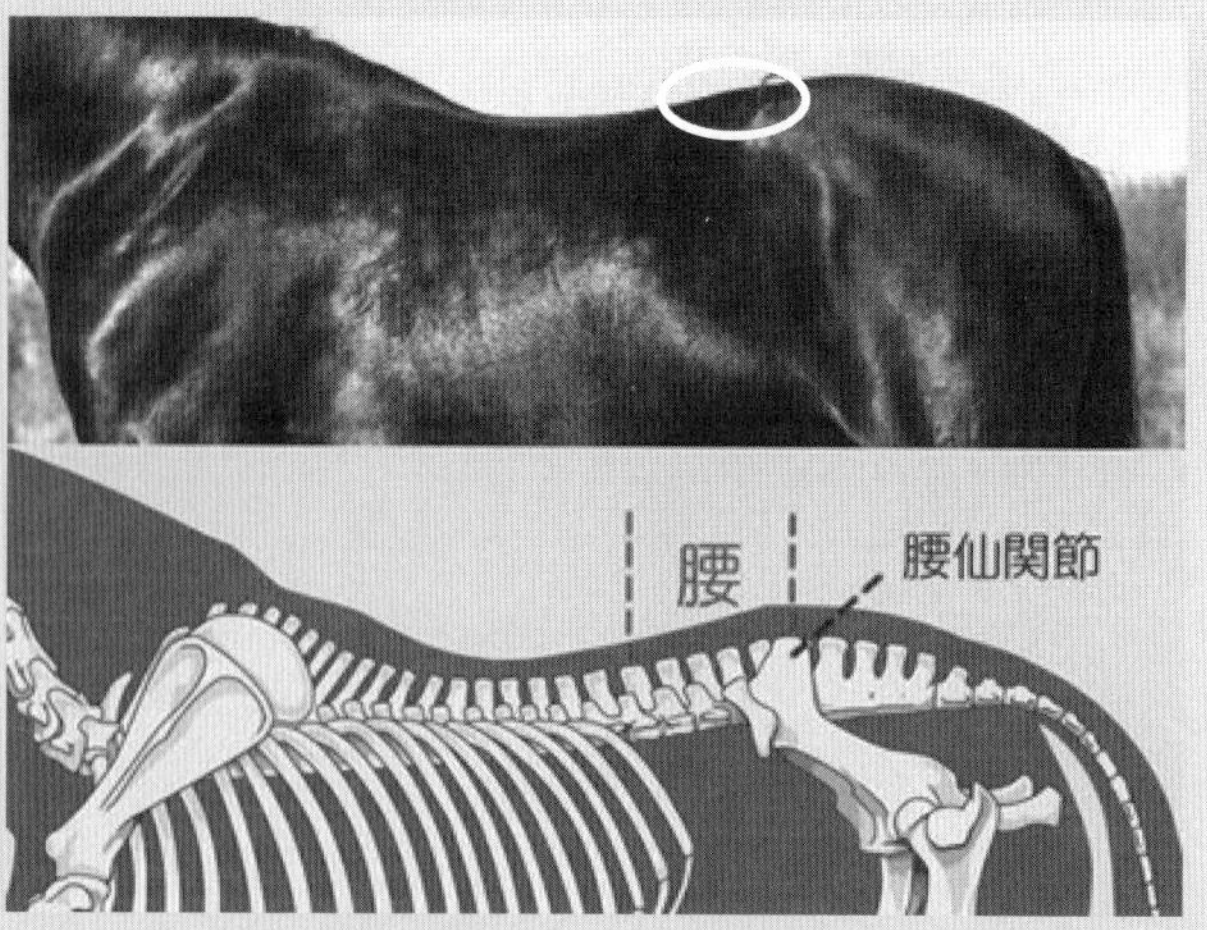

（中略）

前肢と後肢の動きがバラバラに見えたりする馬は腰まわりの筋肉と腰仙関節が上手く連動していません。通常、馬が歩くときは前肢の踏着地点よりも後肢の踏着地点が若干前にきます。これは踏み込みがしっかりしているということです。しかし、後肢の歩幅が狭くなり、前肢の踏着地点に後肢が到達しない場合は上手く連動しているとは言えません。後肢の運び、踏み込みに特に注目して見てみてください。

――緩さというのは、あくまでも暫定的なものであって、緩い馬はずっと緩いということではありませんよね？

下村　その通りです。馬の成長スピードはそれぞれ異なっており、１歳時点で腰部の強さがまだ物足りない馬は少なくありません。歳を重ねるごとにしっかりしてくる馬がほとんどです。ですので、募集馬見学ツアー等で実際に歩様を見て、緩さが見受けられても悲観する必要はありませんよ。ただし、緩い馬に比べて腰部の成長が速い馬の方が、力を発揮できる準備が早く整うことで早い時期にデビューできると考えられます。

（一口馬主ＤＢ「下村獣医師インタビュー」より）

かなり長く引用させてもらいましたが、重要な箇所がいくつか含まれています。

まず、やはり馬体の緩さについては、関係者の間でもあいまいな使われ方、受け取り方がされているようです。言葉というものは、私たちの思考や感情などの目に見えないものを文字・音声情報により伝えることができる有効な手段ですが、あいまいさも多分に含まれています。何かを言っているようで何も言っていない、または間違ったように伝わってしまう可能性もあり、かなり意識して使ったり、受け取ったりしなければならないということでしょう。

緩さを見分けやすい部分として、繋ぎとトモの２つのポイントを下村獣医は挙げています。繋ぎに関しては、馬が歩いて地面に蹄が着地したとき、繋ぎの角度が寝すぎてしまうことを繋ぎが緩い

（または「繋ぎが甘い」）と言います。

またトモの緩さは、腰周りの筋肉と腰仙関節の2つが上手く連動しないために、前肢の踏着地点に後肢が到達しないほど後肢の運びが悪く、踏み込みが浅いことを言います（この状態を「トモが甘い」、「踏み込みが甘い」、「トモが入ってこない」とも言う）。

馬体全体が緩いと言っても範囲が広いので、一般の競馬ファンは「繋ぎ」と「トモ」の2点に注目してみると分かりやすいのではないでしょうか。

馬の成長と緩さの関係

緩さはあくまでもその時の状態であって、成長過程において変化していくという点において岡田氏と下村氏の考えは一致しています。そして、競走馬として成長するにしたがって、ほとんどの馬は多かれ少なかれ緩さが解消されていくという点も同じです。

筋肉が発達して筋力が強くなり、気性が大人になり精神的に強くなるように、サラブレッドは関節（サスペンション）部分もしっかりとしてくるのです。それによって後肢の運びがスムーズになり、踏み込みが深くなることを、トモがパンとすると言います。今緩いからといって、この先ずっと緩いわけではないということですね。

サラブレッドの成長過程において、緩い（マイナスの）状態から緩くない（プラスの）状態へと変わってゆくというのが、緩さに対する専門家の捉え方であり、それに伴う一般的な認識と考えて良いでしょう。

クラブが発信するレポートなどを読むと、やはり「緩い」はデビュー前の育成段階の馬に多く使われています。また、育成騎乗スタッフの口から出てくる「緩い」という言葉は、筋肉の発達とセットで用いられていることも多く見受けられます。たとえば、「まだ筋肉量が不足しており緩さがある」といったように。この場合、緩さに対する具体的な説明がないために、岡田氏や下村氏が示してくれた定義とはわずかに意味合いが異なるようにも見えます。

ただ、このような育成段階の馬の場合では、言わんとしていることの根っこはほとんど同じです。

馬に乗っている人からすれば、全身の筋力が不足していることによる乗り味の物足りなさでもあると感じられ、馬の動きを医学的にまたは外側から見てみると、関節部分の弱さに起因する連動性の物足りなさとも解釈され、実際にはその両方が原因であることも多いと思われます。

筋肉と関節部分を厳密に区分けして表現することは難しいため、このようなニュアンスの違いは生じるのですが、サラブレッドの筋肉の強さと関節（サスペンション）部分の連動、またその成長は、密接な関係にあるということです。

ここまで、岡田牧雄氏や下村獣医師など、生産・育成に携わる方々の考える「緩さ」を紹介しました。彼らの言う緩さとは、成長過程における、筋力や関節（サスペンション）部分の連動に物足りなさがある状態を指します。これを緩さの基本的な定義として考えてよいでしょう。

一方で、馬の購買検討や現役馬のレポートなどでは、少し異なるニュアンスで「緩さ」が使われるケースもあります。使う人が異なれば、意味も少しずつ違ってくるのが、「あいまいな言葉」の特徴です。本章の目的は、まさにそういった言葉を整理することにありますので、「緩さ」について解釈の応用範囲を広げるべく、さらに考察を加えていきます。

緩さがある馬は走らない？

ところで、緩さが残っている馬は走らないのでしょうか？

たとえば、2歳の6月にデビューしてから3連勝で朝日杯フューチュリティステークスを制し、皐月賞と日本ダービーではコントレイルに2着と肉薄したサリオスは、募集時から馬体に緩さがあることで知られた馬でした。

1歳時のウォーキング動画を観ていただくと、踏み込みが甘く、トモの力強さに若干欠けます。前肢と後肢の連動性が少ないというか、前肢に対して後肢が仕方なくついて行っている感じです。それによって、後ろから歩様を見ると、飛節も上下左右にブレています。

これだけ緩さがあった馬でも（能力が高ければ）早い時期から走るのですから、僕たちが思っているほど若駒における緩さは気にしなくても良いということなのかもしれません。

サリオスの募集時ウォーキング動画（YouTube）
https://youtu.be/Dmpu4w2yPtE

馬の検討における「緩さ」の考え方

むしろ、緩いことは気にしなくてよい、プラスに考えることもできるという考えもあります。毎年2000頭ぐらいの馬を見るという競馬評論家の古谷剛彦氏は、1歳馬を見るときに重視するポイントとして柔らかさを挙げつつ、以下のように緩さについて語っています。

古谷剛彦氏　1歳の段階で身体が硬い馬は、トレーニングを重ねるうちにさらに硬くなる可能性が高いので敬遠したいです。動きが硬いか柔らかいかは、歩いている姿を見れば何となく分かると思います。

さらに言うと、僕は基本的にはトモの可動域を見ます。馬の原動力はお尻にありますので、飛節やヨロの位置関係が上手くかみ合って、トモの可動域が広く歩けている馬が理想的です。

1歳や2歳時に、いろいろな部分が甘い（緩い）のは当たり前ですから、気にしなくていいのです。むしろ硬い馬こそ、これからさらに硬くなって動きが小さくなり、故障しやすくなることが問題ですね。

（一口馬主DB「古谷剛彦氏インタビュー」より）

僕も古谷氏の考えには全く同感です。1歳の段階で身体が硬い馬は、競走馬としてデビューするまでに肉体的な負荷が掛かるにつれて、身体がさらに硬くなっていきます。

僕自身も小さい頃から身体が硬くて、スポーツはなかなか上達しませんでしたし、年齢を重ねるほどに身体はさらに硬くなり、今では肩が水平より上に上げづらく、わずかばかり痛みを伴うようになってきました。いわゆる四十肩、五十肩と言われるやつですね（笑）。アスリートとして身体が硬いことは致命的であることは良く分かっていますので、動きに柔らかさがあることはサラブレッドにとっても大切なポイントだと思います。

ここで古谷氏が言う緩さとは、柔らかさのことであり、「硬さ」の反意語です。一方、先に紹介した岡田氏と下村氏が言う緩さとは、「しっかりとしている」の反意語なのです。ここに緩いという言葉のあいまいさがあります。

柔らかさとは、曲がったり伸びたりしても元に戻ってくるような反発力を保持しているのに対し、緩さとは曲がったら曲がりっぱなし、伸びたら伸びっぱなしというイメージ。どちらかが正しいということではなく、緩さの定義や使い方が少し違うだけです。

その証拠に、トモの可動域が広く歩けている、つまり踏み込みがしっかりとしている馬が理想的という点においては、誰もが一致しています。当然のことながら、筋肉や関節部分に柔らかさがなければ可動域が広く歩くことはできませんし、緩さがあるようであればトモをしっかりと踏み込むことは難しい。馬体が柔らかくて、緩さはない状態が理想的ということですね。

あえて緩い馬を買うことで、走る馬を手にしている馬主もいます。マイルチャンピオンシップ南部杯（Ｊｐｎ１）を制したアルクトスやファルコンステークス（Ｇ３）を制覇したシャインガーネットなど、数々の活躍馬を所有している新進気鋭の馬主、山口功一郎氏はこう語ります。

山口功一郎氏　今はやや緩めの馬が好きです。いかにもキビキビと歩く馬よりも、たとえばハーツクライ産駒のような緩い馬の方が、将来における伸びしろがあるかなと期待できるからです。馬主として長く楽しみたいという想いがあります。

（中略）

もちろん、緩いという言葉が、力がないという悪い意味で使われることが多いのも知っています。それでも、その緩さが成長していくと、府中の最後の直線でビューンと伸びる瞬発力にもつながる気がしています。

硬くてピッチ走法の馬って、芝路線で走ると、たとえ1、2勝は挙げられても、それ以上のクラスに上がると活躍が難しいですよね。緩いと柔らかいの境目って難しいと思います。私が言っているのは、良い意味での緩さのことです。柔らかくて、一完歩が大きいということでしょうか。栗田徹先生や（スワーヴの冠名で有名な）NICKSの諏訪守さんの影響も受けていて、諏訪さんは「良い緩さ」という言い方をしますね。

（一口馬主DB「山口功一郎氏インタビュー」より）

山口氏の「緩いと柔らかいの境目って難しい」という言葉は奥深いですね。正直に言ってしまうと、筋骨隆々でパワフルな馬体を誇り、なおかつ柔らかい動きをする馬がいれば最高なのですが、現実的には両立はなかなか難しいということです。それでもギリギリの線を見極めて、メリットもデメリットも引き受けながら、あえて緩いと柔らかいの境界線を行き来する馬を選ぶときに、「良い緩さ」という概念を用いるということなのではないでしょうか。

デビュー後に使われる「緩さ」

ここまではデビューを控えた若駒たちの緩さについて書いてきましたが、競走馬としてキャリアを重ねている馬たちにも使われる「緩さ」についても触れておきたいと思います。

たとえば、2020年のチャンピオンズカップに出走し、1番人気を裏切る形で4着に敗れてしまったクリソベリル。レース後、川田将雅騎手は「緩い感じがして体が使えていなかった」ことを敗因に挙げていました。川田騎手はレース前からクリソベリルの動きの緩さについて言及しており、実際にレースでも本来の力を発揮できなかったという事実があります。

僕がこのコメントを聞いたときには、もともとクリソベリルは緩さを残しつつ、それでもダートの一線級でバリバリに勝ち続けてきた馬ですので、何を今さらという気持ちがありましたが、これはここで陣営が言う「緩さ」と、ここまでに語ってきた「緩さ」の意味合いが違うということに尽きます。

どういう意味かというと、僕がこれまでに述べてきた緩さは不可逆的な緩さであり、各馬によって成長のスピードは違えど、緩い状態から緩くない状態へと変化していくものです。しかし、川田騎手の言う緩さとは、あくまでも一時的なものであり、弱さやぎこちなさ、物足りなさという表現に置き換えることができるものです。

それは陣営の示唆するように、短期間で続けてレースを使ったこと、その間に放牧を挟んだこと、馬体が12kgも増えたことなど、何らかの要因があって、いつものクリソベリルの動きにはなかったということです。その後、右後肢繋ぎの靭帯を傷めていることが発覚したように、もしかするとレース前に川田騎手が感じていた緩さ（違和感）はその前兆だったということかもしれません。

「緩さ」の2つの用法を整理する

クリソベリルの例に限らず、クラブからの現役馬に関するレポートでは「休養明けなのでまだ緩さが残っています」といったように、一時的な状態を示すニュアンスの「緩さ」が散見されます。

緩いという言葉に厳密な定義はありませんので、緩いの使い方が間違っているということではありませんが、成長過程における緩さが残っているという意味の緩さと、休養明けの筋力低下などの要因による一時的な緩さを、僕たちは分けて考える必要があるのです。

一時的な緩さは乗り込みを重ねることで緩くない状態へと改善することができ、逆に休養に入って体を休めてしまうとまた緩い状態へと戻ってしまいます。可逆的な意味での緩いということですね。

不可逆的な緩いも、可逆的な緩いも、どちらも筋力や関節部分の連動性の弱さゆえに感じられる物足りなさであることは間違いありませんが、僕たちはどちらの緩さを言っているのか、きちんと識別しておいた方が混乱しなくて良いですね。大別すると、以下の2つに分けられます。

「緩さ」の主な2つの用法

用法1

成長過程における、筋力や関節（サスペンション）部分の連動に物足りなさがある状態を指し、成長と共に緩くない状態へと変化する可能性がある不可逆的な緩さ。おもに幼駒、若駒に使われる。

例）「トモに緩さがあり歩様に力強さがない」

用法2

馬体を休ませたなどの理由によって引き起こされる一時的な緩さ。調教を重ねることですぐに緩くない状態へと改善することができるが、逆に馬体を休ませると元の緩い状態へと戻ることもある可逆的な緩さ。主に現役馬に使われる。

例）「少し休ませたので緩さが残っている」

たとえば、育成時代にはスタッフから「緩さがなくしっかりとした動き」と評価されていた馬が、いざ入厩すると調教師から「全体的に緩さが残っていて時間がかかりそう」といったコメントが出てくるケースがあります。

この場合、まるで正反対のことを言っているようで、実は緩さの定義が異なるということです。

そう、ここまで述べてきたように、前者が①の不可逆的な緩さであるのに対し、後者は②の可逆的な緩さに言及しているということになります。

まとめ

最後にまとめると、馬体の緩さの定義としては様々な解釈があることはたしかですが、主に全身の筋力や腰やトモ、繋ぎや飛節における関節部分とそれらの連動性の弱さのことであり、それらを総合して馬体が緩いと言います。

関節部分と筋肉はつながっており、厳密な境界線などありませんので、たとえばトモが緩いという場合に、トモの筋肉の弱さを腰仙関節の緩さと感じてしまったり、その逆も然り。あいまいすぎてはいけませんが、それぐらいのあいまいさは許容されるべきでしょう。

しかし、クラブのレポートなどで使われている「緩い」という言葉が、①サラブレッドの成長過程で生じる不可逆的な緩さなのか、②あくまでも一時的に生じる可逆的な緩さなのか、僕たちは聞き分けることが大切です。そうしなければ、伝える側と受け取る側でミスコミュニケーションや誤解が生じてしまうからです。

それぐらい、「緩い」という言葉は実にあいまいなのです。聞き分けができるようになれば、ひとり歩きしている緩いというあいまいな言葉を、それぞれの馬のそれぞれの状況に応じて、適切に解釈して受け止めることができるのではないでしょうか。

②「背中が良い」とはどういうこと？

次は「背中」を取り上げます。具体的に挙げると、「背中が硬い」または「背中が柔らかい」、「背中が良い」といった、馬の背中の状態を表現するあいまいな言葉です。

騎乗者がサラブレッドの背にまたがった時に抱く感覚的なものであるからこそ、馬に乗ったことさえない一般のファンにはなおさら伝わりにくい。そんな馬の背中にまつわるあいまいな言葉を、まるで馬の背にまたがったような気持ちになれるぐらいまで、噛み砕いて説明できればと思います。

「乗馬」で感じる馬の背中

まずどこから始めるべきか迷いますが、馬に乗るところから話しましょう。

馬に乗るためには、鐙（あぶみ）に片方の足をかけ、馬の背をまたぎ、もう一方の足も鐙に入れます。体高が自分の身長と同じぐらいある馬の背をまたぐためには、台に乗ることもありますし、誰かに手伝ってもらって勢いをつけて乗ることもあります。後者はパドックでジョッキーが馬に乗る場面を見たことがありますよね。馬の背中には鞍（くら）が載っていますので、僕たちはそこに腰掛ける形になります。

この状態で馬が歩いても（常歩）、騎乗者の座位はそれほど動くこともなく、鞍を通して衝撃を受けることもありません。観光地でゆったりと歩く馬に乗った経験のある方なら想像できるはずです。馬の背から受ける衝撃を反動と呼ぶのですが、常歩ではほとんどなかった反動が、速歩、駈歩（キャンター）、さらに襲歩（ギャ

ロップ）と馬の動きが大きくなると、座っているだけではお尻が痛くて仕方なくなってきます。

そこで騎乗者は馬の動くリズムに合わせて、腰を浮かせたり、鞍に座ったりを繰り返すことで、反動を逃がそうと心がけます。上手く反動を逃がせたときは人馬一体の気持ちを味わえるのですが、ひとつ間違うと、馬の背中と自分のお尻が激突します。しかも一度リズムが崩れると、2度、3度とお尻が強打されることになり、あれは結構痛いし恥ずかしいんですよね。人生初の痔になるのではと思ったほどです（笑）。

このとき初めて、馬と呼吸を合わせることの難しさや、馬に乗ることの大変さを思い知るのです。つまり、乗馬をするとき、騎乗者が馬の背中を意識しないことはないといっても過言ではありません。

「競走馬」の場合は？

一方、競走馬に乗るジョッキーはどうでしょうか？　実際のレースにおいて、サラブレッドはおよそ時速60ｋｍのスピードで走るため、ジョッキーは反動を逃がすというよりも、できる限り馬の走りを邪魔しないように、鐙に足を少しだけ乗せ、腰を浮かせた姿勢で騎乗していますよね。いわゆるモンキー乗りというスタイルですが、普通に馬に乗る格好とは全く異なることが分かります。

ここでひとつの疑問が湧いてきませんか？　競馬のジョッキーはどのようにして馬の背中の硬さや柔らかさを感じるのでしょうか。それは騎手だけではなく、育成施設の騎乗スタッフや厩舎の調教スタッフも同じです。鐙に足をかけて乗るだけの騎乗スタイルで、どのようにして背中の良し悪しを判断するのでしょうか。

そのような素朴な疑問を、川崎競馬で持ち乗りの厩務員をしながらジョッキーを目指している志村直裕氏にぶつけてみました。彼はオーストラリア各地を飛び回って数々の競走馬に跨り、近年は国内の育成牧場で多くの重賞勝ち馬の育成にたずさわっていました。

育成から実戦までを知り尽くした彼こそが、サラブレッドの背を語るには相応しい人物だと思います。ここから先は、僕たちの生のやり取りをできる限り再現したいと思いますので、インタビュー形式をそのまま残させていただきます（当インタビューは２０２１年11月に行われました）。

背中が「硬い」「柔らかい」の感覚

――サラブレッドの「背中が柔らかい」とか「背中が良い」という表現があります。一口クラブで出資している馬が育成担当者のコメントで、「背中の良い馬です」や「乗り味の良い馬です」と褒められると、具体的にどう良いのかはわからなくても嬉しくなってしまいます。

しかし、そもそも騎乗者は鐙に足を乗せてモンキー乗りをしているのに、どのようにして馬の背中を感じるのでしょうか？　足から伝わってくる感覚でしょうか？　馬の背の上に座っているなら、お尻を通して背中の硬さや柔らかさなどの感触や反動が伝わってくるのは分かりますが、ジョッキーやライダーはどのようにして馬の背中を把握するのだろうという疑問があります。

志村直裕氏（以下、志村）馬乗りが感じる背中の感覚というのは、経験則に基づいているものが多いと思います。数百、数千という馬に乗った経験から、またがった瞬間に、ある程度、その馬のタイプを分類できるようになります。

志村直裕《しむらなおひろ》さんプロフィール

オーストラリアの競馬学校クイーンズランドレーシングインダストリートレーニングセンター（Q.R.I.T.C）卒業。川崎競馬にて調教厩務員を経て再び渡豪、騎手免許取得。帰国後は川崎競馬調教厩務員としてスマイルジャック等を担当。競馬界を退き、故郷の札幌で青少年教育施設の指導者として勤務した後、騎手復帰を目指して川崎競馬に戻り、現在に至る。

――感覚的なものだと思いますが、具体的にはなにを感じ取るのでしょうか。

志村　具体的に感じ取れるもので最も分かりやすいのは、「背中の硬さ」や「柔らかさ」です。これはフレーム（関節）の可動域の広い・狭い、筋肉の柔軟性の有無を指します。またがった瞬間に総合的に感じ取ることができるようになります。

――またがってすぐ感じ取れるということは、たとえば常歩のときに、人間の太ももなどを通して伝わってくる感触ですか？

志村　人間のお尻からです。お尻に硬さを感じたり、柔らかさを感じたりします。そこで大体の馬のタイプは判別できますが、そこから一歩、歩かせたときの馬の脚が地面に付いた瞬間の反動が衝撃となって、お尻を中心にして全身に伝わってきます。その衝撃を硬く感じるか、柔らかく感じるかというのは、騎乗経験の浅い人でも分かりやすいと思います。

背中が柔らかい馬は、実にスムーズにフワっと一歩目が出ます。そして着地の衝撃もあまり感じません。対して背中の硬い馬は、出だしの一歩目がゴツゴツしているというか、車でたとえるならばパーキングブレーキを引いたまま誤ってアクセルを踏んでしまったときに近いようなギギギギッという出方になります。また、背中の硬い馬は着地の衝撃も大きいです。

背中の感触からわかること

――とても分かりやすいです。またがった時、歩いている時の馬の背中の感触がお尻を通してダイレクトに全身に伝わってくるということですね。

志村　全ての背中の感触が同じ馬は一頭もいません。経験値が増えれば増えるほど、過去に乗った馬の記憶の中から、似たタイプの馬を引っ張り出してきて照らし合わせることができます。その馬がどのような競馬をしているか、どのような走法でどのような適性を持っているか等、背中の感触から大まかに把握することができます。

――それでは、馬が走っているときよりも、歩いているときの方が背中の良し悪しを把握し

やすいということでしょうか。

志村　経験を積むことで、騎乗者はまたがった瞬間に察することができるようになりますが、基本的にはまたがった瞬間＜常歩＜速歩＜駈歩の順で、感じ取りやすさというのは大きくなります。

――なるほど、経験を積んだ騎乗者だからまたがった瞬間に感じ取れるわけで、一般的には馬が速く走れば走るほど、背中の良し悪しは判断しやすくなるのですね。完全に勘違いしていました（笑）。

志村　僕の場合、走っている時の背中の良し悪しの判断は、そこまでに感じた感覚を確認する作業です。背中が硬くても筋肉質で一歩の掻き込みに非常にパワーを感じる馬もいますし、逆に馬体が細くてパワーを感じなくても、筋肉がしなやかでストライドが伸びて一歩で進む距離が長い馬もいます。そのどちらも、タイプの違いこそあれど、「背中が良い」と表現できると思います。

また、こうした背中の良し悪しの感覚は、乗り手の経験則に基づくものであると思います。

あくまでも想像ですが、たとえば武豊騎手は柔らかくストライドが伸びる馬を良い背中と感じ、池添謙一騎手は硬めでもパワーを感じる馬を良い背中と感じることが多いのではないでしょうか。武騎手にとっては、宙を舞うように柔らかく飛んだディープインパクト、池添騎手にとっては、大地を叩くように力強く駆けたオルフェーヴル、過去に自身が騎乗した最高の名馬が名手たちの感覚に大きな影響を与えているはずです。

「柔らかさ」と「緩さ」

――我々は「背中が柔らかい」＝「走る馬」と思いがちですが、最終的には馬体全体の動きの連動性が重要ということですね。

志村　背中は柔らかいけれど走らせたら案外というタイプは、その良さを上手く伝えられていない場合が多いですね。後躯のエネルギーを背中↓頸（くび）↓ハミを介して前駆に伝える過程において、何かしら問題を抱えていて、ギアが噛み合わない場合があります。

――なるほど。ところで、志村さんは最近のクラブ馬の中では、２０２１年のすみれSを勝ち、菊花賞５着と活躍中のディープモンスターなどの育成にもたずさわられていたそうですね。ディープモンスターの背中はどうでしたか？

志村　ディープモンスターは典型的なディープインパクト産駒です。背中から伝わる柔らかさは、他のディープインパクト産駒の中でも群を抜いていました。僕が乗ったディープインパクト産駒の中では最もディープインパクトに近いのだろうな、という第一印象でした。

騎乗経験が浅いスタッフが乗ると、フニャフニャしていて、まだ緩すぎるという評価になりがちでした。緩さと柔らかさは紙一重なところがあります。ディープモンスターは1本の芯というか、体幹を感じられる馬でしたから、またがった瞬間に僕はクラシックを意識しました。

――ディープモンスターは、走るごとに馬が良くなっていっている感じがします。たしかに父ディープインパクトから、良い意味での緩さが伝わっているようです。緩さと柔らかさは紙一重で、その馬が走れば、背中の柔らかい、良い馬だということになり、走らなければ、背中の緩い、弱い馬だということになりますよね。

志村　柔らかくて良い馬なのか、ただ緩いだけなのかは、またがれば分かります。セリでまたがらせてくれたら良いのにといつも思います（笑）。馬の見た目から判断することの難しさを感じる日々です。勉強していかなくてはいけない課題ですね。

まとめ

志村さんとの対話を通して、僕は自分の馬の背中に対する認識が間違っていたことを知りました。

恥ずかしながら、このコラムを書く前までは、背中の良し悪しとは単純に騎乗者が馬の背中から感じる乗り心地やクッションのようなものだと考えていたのです。だからこそ、馬の背にお尻を付けている状態でないと、背中の良し悪しを感じられないのではないか、という素朴な疑問からスタートしたのでした。僕たちの対話が最初のうちは噛み合いそうで噛み合わなかったのは、それが理由でした。

志村さんが「またがった瞬間∧常歩∧速歩∧駈歩の順で、感じ取りやすさというのは大きくなります」と発言したときに、騎乗者の言う「背中の良し悪し」とは馬体全体の動きの連動性を指しているのだと気づいたのです。ひとつ前で取り上げた「馬体の緩さ」と意味合いは近いと言えるかもしれません。

実際には背中が硬くてもパワーで走る馬もいますし、背中が柔らかくても連動性の問題で走らない馬もいます。そうした中、志村さんのような熟練の騎乗者は、全身の筋力や腰やトモ、繋ぎや飛節における関節部分とそれらの連動性を総合判断して、「背中の良し悪し」の評価を瞬時に行っています。

もちろん、あいまいなワードではありますので、馬の背中の表現について絶対的な良し悪しの基準はなく、また最終的には騎乗者の経験や好みが評価を左右することもあるはずです。つまり、背中に関するコメントを僕たち一口馬主が目にするとき、あまり気にしすぎるのもよくないかもしれませんね。

③「口向きが悪い」とはどういうこと？

次は競走馬の「口向き」を取り上げます。

まずはハミ受けのメカニズムなど基礎的な部分を確認しながら考察を加えていきます。その後に、栗東・斉藤崇史厩舎の福田博幸調教助手に登場いただき、手掛けるキラーアビリティなどの事例を交えながら、口向きの良し悪しについて深く解説していただきます。

「口向き」が意味することは？

「口向きが悪い」、「口向きが難しい」などという表現を聞くことがありますが、皆さんはどのように解釈されていますか？　恥ずかしながら、僕は競馬を始めた頃からつい最近まで、馬の口が真正面を向かず、真っすぐに走らせることが難しい状態を「口向きが悪い」と言うのだと勘違いしていました。言葉のとおり、口の方向性が悪いと考えていたのです。

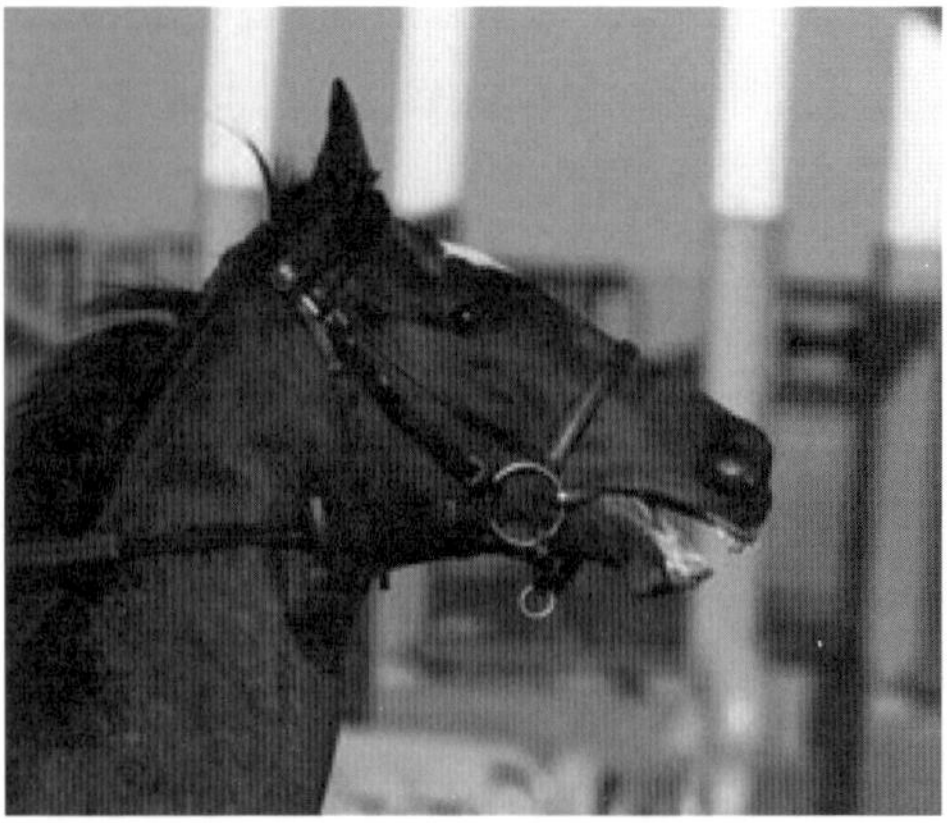

よくよく調べて知っていくにつれ、そんな単純な言葉ではないことに気づきました。「口向きの悪さ」とはハミ受けの問題であり、操作性の問題なのです。語源としては、ハミ受けの難しい馬が人間の指示に逆らって右を向いたり左を向いたり、あるいは頭を上下したりして向いてほしい方向を向かないことから、「口向きが悪い（難しい）」と言うようになったのではないでしょうか。

「口が硬い」という表現もありますが、馬自身がハミを嫌って強く噛んだり、反抗しようとして人間の意と反する方向に力んで引っ張ろうとするため、ハミ（銜）が当たる口角の感触が硬く感じられるということが由来かもしれません。

いずれにしても、「口向きが悪い」と「口向きが難しい」と「口が硬い」はほぼ同じような状態を指すことになりますね。つまり、操作性があまり良くないということです。

馬に乗ったことはないけれど、車を運転したことがある人にとっては、ハンドルをイメージしてもらうと少し分かりやすいかもしれません。ドライバーはハンドルを回すことで車を左右に動かしたり、曲がったりしますが、力をほとんど使わずに僅かな操作だけで思うがまま動いてくれる車が理想的ですよね。

ハンドルを少し回しただけで右に行きすぎてしまったり、逆に思いっきり力を入れてハンドルを回しても微動だにしなかったりすると、運転しにくいはずです。しかも馬の場合は、口向きが悪くてコントロールを失うと突っ走っていきます。急激にスピードが上がる車のようなもので、怖いことこの上ありません。車のハンドリングのたとえで考えてみると、何となく口向きの良し悪し、難しい馬のイメージが膨らんだのではないでしょうか。

ハミとハミ受けのメカニズム

口向きに関する理解を深めるために、まずは競走馬のハミ（銜）とハミ受けのメカニズムについて説明していきます。

ハミは馬を制御するための重要な道具です。ジョッキーの手綱の先の金輪には、一般的には2本のこん棒をつないだようなハミがついています。ハミは馬の口の中に入っているため、外から見えるのは金輪だけですが、ここがジョッキーの操作によってアクセルになったり、ブレーキにもなったりする操縦部分です。

馬の顔は長いのが特徴であり、もちろん口（口腔）も長い。その長い口（口腔）の後ろの両端が「口角（くちかど・こうかく）」と呼ばれる部分です。僕たちが小さい頃、両手の指で左右に拡げ、「イーー！」とやっていたあの部分。馬の口を大きく開くと、この口角の近くに全く歯のないところがあります。この歯のないところがハミ受けで、ジョッキーの手綱の先についた、こん棒のようなハミが通るのは、この歯のないところです。

口の中に入ったハミは、舌の上にのって、ハミ受けを通り、口角のところで金輪と繋がります。その金輪につけた手綱を持ったジョッキーがハミを引いたり、緩めたりして、ハミ受けと口角にくわえる圧迫を調整します。ハミ受けと口角は極めて敏感な部分なので、圧迫の強弱を感じ取り、速く走るべきなのか遅く走るべきなのか、また止まるべきか走るべきか、などといった指示を馬は理解するわけです。

そういえば、ハミ受けに関して、かつて社台ファーム副代表の吉田哲哉さんがこんなことをおっしゃっていましたね。

吉田哲哉氏　ロードカナロア産駒は、ハミ受けに苦労しそうな口の形をしていないですからね。顔に品がある馬は走ると言われますが、それ以上に、実際にハミが当たる部分の操作性は競馬に大きく関わってきます。お父さんやお母さんに顔が似ている馬が生まれてくるのと同じく、父や母の口の形も遺伝するはずです。ハミ受けの良さ・悪さも伝わるということです。

先ほどドイツ顔の話をしましたが、顔が長くて、その分、口も深く、ハミがしっかりと口に収まるので、真面目に走ったり、距離が持つことにつながります。皆さん、馬の身体つきばかりを見てしまいがちですが、実は口の形も重要だということです。ちょっとした口の形の違いで、ハミ受けの敏感さが大きく変わって、走る、走らないに影響を与えます。だからこそ、色々な種類のハミの形があるのです。ハミが当たって痛いと、馬は言うことを聞かなくなりますよ。ロードカナロアの仔は、あまりハミに影響されないような口の形をしているのだと考えています。あくまでも持論ですけどね。

（一口馬主ＤＢ「２０１９年社台サラブレッドクラブ推奨１歳馬を見てきました」より）

ロードカナロア産駒うんぬんは今回のテーマではありませんが、実際にハミが当たる部分の口の形によって、ハミ受けの良さ・悪さが決まってしまうという物理的な側面もあるということを知っておくべきでしょう。ハミが口に当たって痛いと、馬は言うことを聞かずに口向きが悪くなり、操作性が悪くなってしまうのです。

口向きの良さ＝馬の能力？

口向きはその馬の走る能力とは別の話であり、あくまでも操作性の問題なのですが、ジョッキーなどにとって操作性が高い方がありがたいのは当然ですね。たとえば、今や種牡馬たちの母としても名を馳せた名牝であり名繁殖牝馬でもあるシーザリオについて、福永祐一騎手（当時）はこう語っていました。

福永祐一騎手　「初めて乗る馬に対しては、まず返し馬で口向きを確かめるのですが、シーザリオはそのあたりの問題が全くありませんでした。それどころか乗り心地も良くて、聞いていた通り〝走る馬〟だと感じました」

（「優駿」２０２０年5月号　未来に語り継ぎたい名馬物語より）

シーザリオの口向きの良さを知った上で、彼女のラストランとなったアメリカンオークスのレースを観てみると、なるほどと納得します。アメリカンオークスでシーザリオは大外枠を引いてしまい、小回りのコース形態を考えると、思い切って出していくか、それとも一旦下げて道中は後方に控え、オークス（優駿牝馬）のときのように後方一気に賭けるかの二択を迫られていました。

福永祐一騎手（当時）は前者を選択したのですが、僕は第1コーナーに勢い良く入っていったシーザリオを観て、危ないなと思った記憶があります。このまま先頭に立ってしまったり、番手に抑えようとして口を割ってしまう姿を想像したからです。ところが、シーザリオと福永祐一騎手は思いの外すぐに折り合いがつき3番手を進み、最後の直線では「ジャパニーズ、スーパースター！」と実況されながら圧勝したのです。あの走りは、シーザリオの口向きの良さあってのものだったと思います。

ただ、繰り返しになりますが、口向きが良ければ走るということではなく、口向きが悪いと走らないということでもありません。シーザリオのように口向きが良い馬が優秀という話ではなく、口向きの良し悪しと走る・走らないはあまり関係ないのです。

むしろ口向きを気にして直そうとするあまり、その馬の持っている前進気勢や爆発力を削いでしまう可能性もあります。口向きが良いに越したことはありませんが、あくまでも操作性の問題であることは忘れないでください。その証拠に、G1を勝つような走る馬でも、口向きに難しさを残している馬はいます。そもそも口向きが完璧な馬などほとんどいませんし、それぞれに課題はあるものです。

たとえば2021年のホープフルステークスを勝利したあとの横山武史騎手のキラーアビリティに対するコメントに、このようなものがありました。

横山武史騎手　追い切りに2週乗って走る馬だと感じていましたが、口向きとかに難しさがあるとも感じていました。そこが不安でしたが、何とかリラックスして走れていましたし、凄くいいポジショニングで頑張ってくれました。1～2角で噛みましたが、向正面で思っていた以上に早く抜けてくれたので、これなら大丈夫だと思いました。まだまだ子供ですし、後肢の力もまだ良くなる余地があって、気だけで走っているので、オンとオフの切り替えがはっきりできれば、もっといい走りができると思います。

（一口馬主DB：ホープフルS（G1）My出走リザルトより）

観ているこちらからすると、ホープフルステークスにおけるスムーズな走りを見る限り、キラーアビリティが口向きの難しさを抱えているとは思わなかった、というのが正直なところです。たしかに萩ステークスではペースが落ち着いたところでハミを噛んでしまい、鞍上と喧嘩したシーンもありましたが、よくある光景といえば光景です。デビュー戦や圧勝した2戦目のレース振りを見ても、口向きの難しさを感じることはほとんどありません。

外からでは分からないことの方が多いため、実際に騎乗している人に聞いてみたいと思い、キラーアビリティを担当している斉藤崇史厩舎の調教助手である福田博幸さんに直接インタビューしてみることにしました（当インタビューは２０２２年２月に行われました）。

口向きの問題は外から観ているよりも根が深い

――ホープフルステークスのレース後コメントにて、横山武史騎手が「口向きなどに難しさがあるとも感じていた」と言っていましたが、実際に現場で馬に乗っている人が口向きについてどのように考えているのか、またどのように口向きを改善することができるのかなど、教えていただければと思います。

福田博幸調教助手（以下、福田）

競馬のレースでいうと、ジョッキーが馬を操作しようとしてハミが口に当たった時、馬が頭を上げたり、左右によれたり（ささったり）、頭を下げてもぐったりするなど、コントロールが利かなくなることを口向きが悪い（難しい）と言います。

口向きは、実は外から観ているよりも根が深い問題です。馬は4本肢で走っており、常歩やキャンターでも前後左右バランス良く走ることができていれば、騎乗者にとってハミは軽く感じられるものです。たとえば、後ろ肢に力が付き切っていなかったり、前肢が硬くて肩が出にくかったり、骨格や筋肉の問題などでどちらかのトモが弱かったりすると、全体のバランスが崩れてしまい、ハミも真っすぐに受けられません。先天的な肉体構造から来るハミ受けの悪さについては、なかなか改善することが難しかったりしますね。

口向きに関してはあくまでも結果であって、そこに至るまでの過程にその馬ごとの個別の原因があったりします。だからこそ、口向きだけを見るのではなく、何が原因でハミ受けが悪くなっているのか、2歩ぐらい戻って原因を見つけていくことが大切です。馬が頭を上げてしまうという現象ひとつを取っても、様々な理由が考えられると思います。

――なるほど、口向きが悪い（難しい）といっても、いろいろな原因が考えられるのですね。僕は単純に馬の口周りのハミ受けの問題だけだと思っていました。そうではなく、馬の走りのバランスによっても口向きは変わってきてしまうということですね。

福田《ふくだ》博幸《ひろゆき》さん プロフィール
1979年兵庫県生まれ。園田競馬場からキャリアをスタートさせ、その後、ノーザンファームを経て、栗東トレセンで武邦彦厩舎の調教助手になる。武邦彦厩舎の解散後、笹田和秀厩舎に移籍し、担当馬のレッドエルディストが日本ダービーに出走（9着）。そのときから自らの担当馬で日本ダービーを勝つことが夢になった。現在は斉藤崇史厩舎で調教助手として活躍中。2021年は担当馬キラーアビリティがG1ホープフルステークスを制覇した。

福田　サラブレッドの走る動作を考えたとき、後ろ肢（トモ）を踏んで、前肢をついて、首を振って、ハミまで伝わるというエネルギーの流れがありますが、口向きが悪い馬はエネルギーが上手く循環せず、伝わりづらく、逃げてしまうことになります。

ただ、キラーアビリティの場合はまた少しタイプが違って、走るディープインパクト産駒特有の、後ろから引っ掛かりがなくスピードがビュンとくる感じの走りをします。騎乗者がそのスピードを邪魔しないように下半身で受けて、ハミの操作に頼ることなく、馬の動きの中で抑えることができればよいのですが、なかなか難しいものです。

こうした馬を、たとえば育成段階や調教過程などにおいてスピードを抑え込まなければならないとき、どうしてもハミにぶつかって、首や前躯が力んで硬くなってしまったり、左右に逃げようとしてどちらか片側が強くなったりして、最終的には口向きが難しくなってしまったりする傾向があります。スピードがあるゆえの弊害と考えることもできますね。
特にディープインパクト産駒はバネとしなりがあることによって、後躯から前躯↓首↓ハミとエネルギーが後ろから前へと強く伝わってくるため、ハミに伝わるパワーを制御することがより難しくなるのです。

サラブレッドの走行時におけるエネルギーの循環イメージ

【右図】口向きに課題のある馬はエネルギーが逃げてしまいやすい

究極の口向き、理想的な操作とは

――スピードとバネのある馬がハミにぶつかってくる話は分かりやすいですね。僕は競走馬にまたがったこともありませんし、ましてやディープインパクト産駒に乗ったこともないのですが、実際に騎乗しているイメージが湧いてくるようです。たしかにスピードがない馬であれば、馬の動きの中でコントロールでき、口向きに問題は出そうもありません。逆に騎乗者がコントロールできないほどのバネやスピードがあるからこそ、口向きの問題が出てくるということですね。

福田　キラーアビリティ自身は、横山武史騎手も言っていましたが、まだまだトモが緩い状態です。後ろから蹴るパワーはそこまでないのですが、仙骨のある十字部からトモがグッと中に入ってくる際の関節の動きがとても柔らかく、背中がしなることによるスピードがあります。そこで生み出されるスピードが前方に伝わる強さによって、口向きが難しくなってくるというわけです。

競走馬の四肢を軸にした箱をイメージした場合、キラーアビリティはその中に収まらないということです。私が担当させてもらってからハミを軽くするため（口向きを良くするため）に、走り全体のバランスを整えること、そして力まずにリラックスして走らせることを重点的に行いました。競馬の場合、その馬のハミ受けの特徴さえ知って騎乗してもらえれば馬は動きますので、ホープフルステークスのときは口向きの難しいところを残しつつも横山武史騎手が何とか乗ってくれたなと思います。

――口向きのことを調べているうちに、馬術と競馬のハミ受けに対する考え方の違いに至ったのですが、競馬のレースにおいてはそこまで完璧な口向きを求める必要はないという認識で合っているでしょうか？

福田　馬術は馬を100％コントロール下において駆け足しないといけませんが、競馬の場合は人間と馬の最低限のコンタクトができていれば馬は走ることができます。もちろん、基本的なコンタクトすらできなければ馬は言うことを聞かなくなってしまいますので、定期的に馬術の選手に講習会などで教えてもらい、競馬にとって必要な馬術の技術は取り入れるようにしています。

――先ほど、ハミを軽くするという表現をされましたが、究極の口向きとは全くハミの操作なく走らせることができるということでしょうか？　実際には、完璧な口向きの馬などいませんよね。

福田　うーん、ハミを触らずに下半身の操作だけで動かせたら理想ですし、私たち作り手もそれを目指してはいます。ハミを取らせたり、逆に我慢させたり、左右に導いたりする際には必要ですが、それ以外のハミ操作はマイナス要素でしかありません。できるだけ手綱を引く動作によるブレーキはかけないように心掛けています。

後躯から生み出されるスピードにより口向きが難しくなるケースも

あってはいけないことなのですが、うちの厩舎に転厩してきたジェラルディーナの右手綱がレース中に外れてしまい、福永祐一騎手（当時）が手綱なしでゴールまで回ってきた件がありました（2021年城崎特別）。人馬とも無事で安心しましたが、究極のバランス感覚と手綱の操作なしで一周してきた姿を見て、福永祐一騎手（当時）の評価が関係者の間ではさらに上がりました。細かいコントロールはできませんが、あのバランスで乗ることができれば馬を手綱の操作なしでも走らせることができるということです。

——曲芸みたいな騎乗でしたよね。僕だったら、一瞬で落ちてしまっていたと思います（笑）。奇しくも、手綱を一切使わず、下半身とバランス感覚だけで乗る理想的な騎乗を体現したわけですが、あの乗り方で勝てたら最高ですね。

レースにおける口向きのバランス

——ところで、キラーアビリティはホープフルステークスこそスムーズに回ってきた印象を受けましたが、その前走の萩ステークスではペースが落ち着いたところでハミをグッと噛んで行きたがってしまう姿が見られました。あの感じが、口向きが難しいことが表面化した一面な

のでしょうか？

福田　萩ステークスではハミを噛みすぎていたので、ホープフルステークスに向かう中間は調教師とも相談して、柔らかいゴム製のハミを使ってみました。キラーアビリティのような行きっぷりの良いタイプは、薄い（強い）ハミで前に行こうとする力を抑えようとしがちなのですが、一歩戻って考えてみて、逆に柔らかいハミでグッと噛ませないように調教してみようというのが厩舎の方針です。力みも少なくなりましたし、多少は良くなったかなというのが実感です。力まないペースで走らせることで、少しずつ乗りやすくなるかなと思っています。

口向きには左右差があって、キラーアビリティは左が強い（硬い）ですね。馬の口向きは、最初はまっさらでも、どちらかに強く引っ張られたりすることが積み重なると、次第にそちら側が強く（硬く）なり、コントロールが利きにくくなってしまいます。一般的に左にもたれるというのは、左のハミ受けが悪くなってコントロールが難しくなっている状態のことです。先ほどもお話したように、前へ行くスピードがある馬ほどハミで抑えようとする力も強くなるため、口向きの問題が出てくるのです。

前後左右の走りのバランスが良く、力が後ろから伝わってハミを通して柔らかく抜けてきて、さらに馬が柔らかく首を使って自分からハミを咥えていける状態が理想的ですね。そうなると、無理に引っ張る必要がなく、手綱を譲れるのでエネルギーをロスすることがなくなります。

武豊騎手などはパッと手綱を離して譲るのが上手ですよね。多少口向きが悪くても、手綱を譲っているので、前に行こうとする力と引っ張ろうとする力が衝突することなく、それほど悪い癖が出ないということです。ホープフルステークスの横山武史騎手も、最初だけ我慢してくれて、手綱を譲り出したらその後は変な癖を出すこともなく走れていました。譲れる状態に持っていけたら、こっちのものですね。

「前にもたれる」馬の特徴

——そういえば、最初の方で話に出てきた、頭を下げてもぐったりする口向きの悪さとは、ハミをグッと噛みすぎて、下に持って行ってしまうという意味でしょうか。

福田　前ノメリにもたれるということです。バランスが悪く、ハミに乗っかかってくる感じで、トモが弱くて、上手にハミ受けができない馬に多いですね。実際のレースでも前にもたれる馬は多いです。前にもたれてしまうと、上手く脚がたまりません。逃げ馬とか短距離は前にもたれて一本調子に走っても何とかなるかもしれませんが、道中で力を溜めて終いを伸ばす競馬をする馬は前にもたれてしまうと脚がたまらず厳しいですね。もちろん、前にもたれているように見えて、ちゃんとハミを取っている馬もいます。そういう馬を無理に起こしても、今度は後ろのバランスが取れなくなってしまうので難しいところです。

――あまり首を使わず、前にもたれて走っているように見えた馬といえば、マヤノトップガンが思い出されます。あの走り方で、上がり34秒2の末脚でサクラローレルやマーベラスサンデーを後ろから差し切った天皇賞・春は驚かされました。

福田　マヤノトップガンのああいう首の位置ですと、もたれているのかなと見えるかもしれませんが、案外そうではなく、田原成貴元騎手が馬のバランスを大事にしていたのだと思います。

調教過程における工夫

――実戦では馬の走りのリズムやバランスを大事にして、できるだけ口向きの難しさを出さないように乗ることで能力を発揮させることができますが、調教の過程において口向きを改善させるためにはどのような工夫をされていますか？

福田　先ほども少し話したように、競走馬の四肢を軸にした箱をイメージしながら、全体のバランスを整えていきます。

ただ、前が強くなりすぎてしまっている場合は、あまり触らない方が良いと思います。強いハミを使おうとすると馬がハミから逃げる方に行ってしまうので、柔らかいハミを使って口向きを真っすぐに走らせてあげるように心掛けます。

後躯が物足りない馬の場合は、騎乗者がサポートしつつ、このバランスで走れるんだよと調教で繰り返し教えて改善していくしかありません。拳だけで馬を操作するのではなく、馬の動きを邪魔しないように、人間が体幹の強さや下半身でグッと我慢しなければならないので、騎乗者の技量も問われますね。

――口向きについて、現場の感覚を教えてくださって、ありがとうございます。

福田さんに聞くまでは、口向きとはハミ受け部分の操作性の問題だと考えていましたが、それだけではない奥の深さがありますね。走りのバランスや馬体の構造、力んで走ろうとしてしまう気性面など、あらゆる要因が口向きに集約されて表面化することが分かりました。それぐらいハミ受けというのは繊細な部分であり、馬と人間がコンタクトする際の重要な部分であるということですね。

3章

種牡馬別馬体の見かた

種牡馬別

エピファネイア産駒の見かた

種牡馬別の馬体の見かたとして、まずはエピファネイア編をお届けします。初年度産駒から、牝馬3冠を制したデアリングタクト、その他アリストテレスやクラヴェル、スカイグルーヴ、シーズンズギフトなどという重賞クラスの馬たちを続々と誕生させ、競馬ファンをアッと言わせました。産駒がデビューした当時は、1勝できても2勝目がなかなか挙げられないなどという評判が立ちましたが、前述の馬たちの活躍によって一気に流れは変わりましたね。

さらに第2世代となる2018年産からは、数々のG1レースを勝利して種牡馬となったエフフォーリアや菊花賞2着馬オーソクレースという牡馬の大物が満を持して登場し、エピファネイアの種牡馬としての地位を確固たるものとしました。2016年の種牡馬デビュー以来、6年連続200頭超えの種付け頭数を維持し、初年度250万円であった種付け料は2023年度には1800万円と約7倍に跳ね上がったのです。

僕にとってエピファネイアは、現役時代に天国と地獄の両方を味わわせてくれた思い入れのある馬です。苦い思い出としては、2013年の日本ダービーにおいて、道中でかなり力んで福永祐一騎手と喧嘩した挙句、つまずくロスも響いてキズナに差し切られてしまったこと。あの日本ダービーはもう1度やり直したら、今度はエピファネイアが勝つ確率はかなり高いと今でも思っています（笑）。あれだけ乱暴な走りをして、日本ダービーで2着まで来たのですから、肉体的な潜在能力は3歳のときから圧倒的に高かったということですね。

嬉しい思い出としては、2014年のジャパンカップで後続を4馬身離して完勝したこと。ジャスタウェイやスピルバーグ、ワンアンドオンリー、フェノーメノ、イスラボニータなどのちに種牡馬になった面々や、ジェンティルドンナやハープスターという名牝たちを相手にしての圧勝でした。エピファネイアがきっちり折り合うと、これほどまでに強いということが分かる走りでした。いずれのレースも、僕は東京競馬場で単勝馬券を握りしめて応援していました。

エピファネイア自身の馬体と特徴

さて、エピファネイア自身、もう本当に非の打ち所がない馬体をしています。胸が深くて、腹袋がしっかりしていて、胴部にも長さがあり、馬体全体のシルエットが美しく、理想的な馬体を誇り

2019年社台スタリオンステーションにて

ます。やや手脚が短いので、低重心のパワータイプに映ります。募集時から立派な馬体をしていましたが、調教やレースを重ねるにつれ、さらに磨かれて成長していきました。パワーの中にも軽さがある、バランスの取れた好馬体でした。

その肉体的な特徴は、そのまま産駒にも反映されています。産駒も胴部に十分な長さがあって、胸が深く、飼い葉を良く食べるのでしょうか腹袋もしっかりとして、いかにも健康そう。牝馬でも飼い葉食いの心配がなく、調教等で負荷をかけやすいので、牝馬も走っているのでしょう。歩様などの動きを見ると力強さと軽快さが同居しています。どのエピファネイア産駒も、馬体だけを見ると走らないわけがないと感じさせます。まだ初年度産駒がデビューする前に子どもたちを見せてもらって、僕が抱いた素直な感想としては、（たとえばダイワメジャーのように）自身の肉体的特徴をダイレクトに伝えるタイプの種牡馬ではないかということです（その直感はのちに間違っていたことが分かるのですが）。

そして、エピファネイアの素晴らしい馬体が産駒にも伝わるということは、もしかしたら精神面もと考えるのは自然な流れでしょう。エピファネイアの種牡馬としての成否を分けるのは、気性面なのではないかと僕は考えていました。実はエピファネイアの父シンボリクリスエスの産駒（特に牝馬）がやや期待外れに終わってしまったのは、気性の激しさが大きな原因でした。エピファネイアも現役時代はコントロールが難しい面があり、育成から調教、レースでの騎乗に至るまで、ひとつ間違うと潜在能力を発揮できなかった可能性もありました。産駒にもレースに行っての気性の激しさは受け継がれるのではないかと、僕は勝手に危惧していたのです。

結論から言うと、エピファネイアは一見、自身の力強い肉体的特徴を伝えつつも、実は母系の特徴を上手に引き出す、奥の深い種牡馬です。また気性面の難しさ（激しさ）は確かにあるのですが、むしろ気持ちの前向きさ（前進気勢）として、歓迎されるべき精神的特徴のひとつにもなり得ます。エピファネイアの種牡馬としての未来を占った僕の予想は、良い意味において、大きく裏切られた

デアリングタクトの募集時写真

のでした。

エピファネイア産駒の走る馬体

それでは、走るエピファネイア産駒の馬体を、クラブ馬の募集時の写真で見ていきましょう。まずは3冠牝馬に敬意を表し、ノルマンディーオーナーズクラブで募集されたデアリングタクトから。一口馬主として、3冠牝馬に出資できるチャンスがあったということですね。

デアリングタクトは募集時から雄大な馬体を誇っているのがひと目で分かります。この時点ですでに前後躯にしっかり実が入って、胴部にも手肢にも長さがあり、馬体全体のフレームが大きく、首差しの角度も理想的です。牝馬離れ

エフフォーリアの募集時写真

したフレームの立派さは、父エピファネイア譲りでもあり、母の父キングカメハメハから受け継いだとも解釈することもできます。秋華賞のレースを観ると、1頭だけ強い牡馬が混じっているような走りでしたが、馬体のスケールという点において、募集時から群を抜いていたということです。

続いては皐月賞を勝利し、日本ダービーも僅差の2着、3歳秋にはコントレイルとグランアレグリアを天皇賞・秋で負かし、その勢いで有馬記念まで制したエフフォーリアです。父エピファネイアをそのままコピーしたような全体像であり、良くも悪くも父似です。胴部には長さがあり、やや重心が低く、パワーがありそうな馬体にも映ります。

この馬については、僕はこの世代のキャロットクラブの募集馬見学ツアーに行って、実際に自分の目で見ています。実は先に記した評価はツアーに行く前にカタログを見ての印象で、動画を見ても意外と柔らかく、ゆったりと歩いていて好感が持てました。この時点では決して悪い評価ではありません。むしろ高評価のうちに入ります。しかし、ツアーで実馬を見た際に、そうした美点を確認しながらも、目つきなどから気性面の不安を感じ、評価を下げてしまいました。前著「馬体は語る」において「美点を見るべき」と言っておきながら、不安点が見えてしまったことで、目の前にいた未来の年度代表馬を取り逃がしてしまったということです。

出資馬検討の際、募集馬の中からある程度ふるいにかけて、絞り込みをするためには、僕たちはどうしても各馬の悪いところや不安材料を見つけて消去していく思考に陥りがちです。欠点のない完璧な馬を探すのではなく、自分にとっての美点を積み重ねていくことでしか、超一流馬にはたどり着けないのではないでしょうか。

次は、ニュージーランドT（G2）2着・紫苑S（G3）／フラワーカップ（G3）3着など、重賞戦線で活躍したシーズンズギフトについて。

シーズンズギフトの募集時掲載写真

エピファネイアは自身の特徴を色濃く伝える種牡馬であると僕は捉えていたにもかかわらず、その考えが180度転換したのは、実はこの馬のおかげです。2020年の若竹賞のパドックにてシーズンズギフトを見たとき、首が細く長く、力強さはありませんが、いかにもステイヤーのようなスラリとした体型でした。実にゆったりと大人しく歩く同馬の姿を見て、全くと言ってよいほど父エピファネイアの影響が出ていないと感じました。誰の影響を受けているのだろうとよくよく観察してみたところ、母の父ゼンノロブロイが浮かんで見えてきたのです。レースでは、ゴーサインが出ると一頭だけ脚色が違って、圧勝を収めました。シーズンズギフトの馬体や気性、そしてレースぶりを見て、エピファネイアは母系の良さも引き出すタイプの種牡馬なのだと僕は確信しました。

シーズンズギフトは、募集時の立ち写真を見ると、腹袋もしっかりとして、牝馬としては立派な好馬体ですね。飼い葉をよく食べ、よく運動をしているからこそ、こうした健康な馬体を示すことができるのですが、いざ育成や調教が進んでいくにつれて、またレースで使われるにつれて、母系の特徴が表面化してくるのでしょう。エピファネイア産駒を見るときは、募集時の健康な馬体をチェックするのはもちろんのこと、将来的にどのような馬体に成長して、どのような走りを見せてくれるのだろうか、母系に想いをはせてイメージしてみることも大切です。

自身の特性を強く遺伝させる種牡馬は、コンスタントに走る産駒を数多く出すという点において生産者にとっては計算しやすいのですが、クラシックやG1戦線で活躍するような一流馬を誕生させるためには、母系の良さを引き出すことが何よりも重要です。たとえ種牡馬であっても完璧な馬などいないのですから、机上の計算ではありますが、父系と母系の良いところを50%ずつ掛け合わせることができる種牡馬と繁殖牝馬こそが最高です。エピファネイアはそういう意味においても、名種牡馬としての道を確実に歩み始めています。

2021年のエリザベス女王杯を3着したクラヴェルも募集時の馬体を見る限り、いかにもエピ

クラヴェルの募集時掲載写真

ファネイア産駒らしい筋肉量を誇り、前後躯にボリュームたっぷりに実が入っています。

とても健康そうですし、やや低重心に映るところもそっくり。ただ、僕が言うのもなんですが、馬体だけを見ても、走るエピファネイア産駒は見分けることが難しそうです。というのも、実は走っていないエピファネイア産駒も同じような馬体的特徴を示している馬が多く、もっと正直に言ってしまうと、ほとんどのエピファネイア産駒は立派な馬体を有しており、走らないわけがないとさえ思わせるのです（このあたりもダイワメジャー産駒と似ています）。

どうすべきかというと、前述したように、母系の血統や特徴を踏まえながら、未来の馬体を想像してみるしかないのではないでしょうか。たとえば、クラヴェルの母ディアデラマドレは440～450kg台とやや小柄な馬体でしたが、力強さに溢れていました。かつ母ディアデラノビア譲りの鋭い末脚を生かして、マーメイドステークスや府中牝馬ステークス、愛知杯を制しました。馬格的に古馬の牡馬には通用しませんでしたが、牝馬の中ではトップクラスでしたね。

そのようにして、母や祖母から伝わる母系の特徴を知っているだけで、募集時に見えているクラヴェルの馬体的特徴が、エピファネイアというよりは、実は母系譲りのものなのではないかと見え方が変わってくるはずです。そうして見てみたとき、走っていた母や祖母の姿を思い浮かべることができるならば、そのエピファネイア産駒には出資する価値があるはずです。

京都牝馬ステークスと京王杯スプリングカップで連続2着したスカイグルーヴも良血馬らしく、非の打ちどころがない好馬体を有しています。

頑強なフレームで、筋肉量も申し分なく、牝馬としては腹袋もしっかりして、パワーとスピードを兼備していそうです。先ほどのクラヴェルと違うのは、こちらの方が胴部に長さがあるということです。ピンときた方もいらっしゃると思いますが、スカイグルーヴの母系にいる祖母アドマイヤ

スカイグルーヴの募集時掲載写真

グルーヴはロングボディーで有名な名牝ですよね。このようにして、母系の走る馬から伝わる特徴や面影を馬体のどこかに見出すことができれば、出資する十分な理由になるのではないでしょうか。

最後にもう1頭だけ、ホープフルステークスと菊花賞で2着に好走したオーソクレースの馬体も見てみましょう。

実は同馬は、キャロットクラブの募集馬見学ツアーに参加させてもらったとき、あの世代の募集馬87頭の中で最も良く見えた馬でした。立ち写真を見て、「特に前駆の力強さは素晴らしく、もしかするとダート馬として大成するかもと思わせるほど」と僕は評価しています。母マ

オーソクレースの募集時掲載写真

リアライト自身はエリザベス女王杯や宝塚記念を勝った芝馬でしたが、さらに辿っていくとクリソライトやクリソベリルというダートの鬼を輩出する母系であり、オーソクレースはまさにその良さが表現されている産駒でした。

初仔としては当時から立派な馬体を誇っていましたし、見学ツアーで実馬を観たときの評価としては、「顔つきも良く、気性的にも強くて安定しているし、首を使えていて歩様も素晴らしい」と僕はメモしています。馬体はパワフルなのですが、動かしてみると柔らかく歩けていて、今思えばそのあたりにディープインパクトらしさが出ていたということですね。

芝に良績が集中している理由は？

このようにダートも走りそうな馬体の馬が多いにもかかわらず、今のところ、なぜエピファネイア産駒の良績は芝に集中しているかというと、芝を走ってしまうからです。答えになっていないかもしれませんが、ダートでも走れるほどのパワフルさを有しているものの、まずは芝からおろしてみると走るからです。

それはエピファネイアが母系の良さを引き出しているからであり、さらにさかのぼって考えてみると、馬格のあるエピファネイアの相手としては脚元に軽さのあるやや小柄な繁殖牝馬が選ばれる傾向があるからであり、もっと言うと、芝の大舞台で活躍できそうな良血の繁殖牝馬が、初年度からあてがわれているからです。

そうしたチャンスを見事に生かし、エピファネイアは母系の良さを引き出しつつクラシックホースを誕生させることのできる種牡馬として、名を売ることに成功しました。もし生粋のダート血統の繁殖牝馬と配合されたら、ダートでも無類の強さを発揮するエピファネイア産駒が登場するはずですよ。

母父キンカメと母父ディープ

ここまで紹介してきたエピファネイア産駒のうち、デアリングタクトやクラヴェル、スカイグルーヴの3頭が母の父にキングカメハメハを持ちます。単純に父エピファネイア×母父キングカメハメハという組み合わせの相性が良いということでもありますし、エピファネイアがキングカメハメハを父に持つ良血牝馬の良さを引き出していると考えることもできます。

前者としては、キングカメハメハは母の父として底力と気性の良さを伝えると僕は考えていますので、気性の激しさ（もしくは前向きすぎる気性）が仇となってしまう可能性のあるエピファネイア産駒の精神面を、母系からサポートしているということです。また後者としては、エピファネイアは繁殖牝馬の良さを上手に引き出す種牡馬であるからこそ、母系が良血であればあるほど良い馬が誕生しやすいということになります。

エピファネイアの産駒に出資する際、こうした相性の良い母父キングカメハメハという血統構成の馬を選ぶのはもはや当たり前ですが、今回紹介した中ではオーソクレースがディープインパクトを母の父に持ちます。

2023年以降、間違いなくやってくる未来としては、ディープインパクトのリーディングブルードメアサイアーの時代です。

少しだけ未来に先回りして、実績を出しつつある母父ディープインパクトの馬を狙ってみても面白いかもしれません。もちろんその際、母系の特徴が良く出ているのか、またディープインパクトらしい繊細さや柔らかさ、敏捷さが伝わっているのかを見るのも忘れてはいけません。

まとめ

最後にまとめておくと、エピファネイア産駒はどの馬も胴部に十分な長さがあり、胸が深く、腹袋もしっかりとして、いかにも健康そうに見えるため（牝馬が走っているのは飼い葉食いの心配がないからです）、父の特徴をダイレクトに伝える種牡馬かと勘違いしがちですが、実はそれだけではありません。

エピファネイアは、種牡馬としては、母系の特徴を上手に引き出すタイプであり、繁殖牝馬の質が高ければ高いほど良い産駒を出します。しばらくはキングカメハメハを母父に持つ産駒の活躍は多いでしょうが、母父にディープインパクトという配合の産駒も走ってくるはずです。

そして、エピファネイア産駒の馬体を見るときには、馬体全体のフレームがしっかりとして、筋肉量が多く、メリハリのある馬体であることは大前提として、その背景に母系の特徴が上手く伝わっているかをイメージするべきでしょう。そうすると父と母の良いところを半分ずつ取った、最高の産駒を見つけることができるはずです。

種牡馬別　キズナ産駒の見かた

種牡馬別の馬体の見かたとして、次はキズナ編をお届けします。

2019年の新種牡馬リーディングに輝き、2020年は種牡馬リーディング8位、そして2021年と2022年は4位に食い込んできました。ディープインパクトとハーツクライ産駒がこれから減少し、キズナ産駒がさらに増えていくことは確実ですから、近い将来にリーディングサ

2019年撮影

イアーの座も見えてきましたね。

エピファネイアとのライバル関係は、種牡馬になってからも続いています。「大物感」という点の評価において、エピファネイアからはデアリングタクトやエフフォーリアが誕生して差をつけられましたが、ソングラインが安田記念、アカイイトがエリザベス女王杯を制し、またディープボンドがフランスのフォワ賞（G２）を勝ち、国内でも天皇賞・春と有馬記念で２着したように、キズナからもG１クラスの一流馬が誕生しつつあります。

キズナの現役時代を振り返る

キズナの現役時代に思いを馳せてみると、日本ダービーにおいて、エピファネイアが道中で躓くロスがありながらも横綱相撲で抜け出しを図ったところ、足をすくったのがキズナ、というのが僕の見立てでした。

そんなキズナに対しての僕の評価が大きく変わったきっかけが2つあります。

ひとつは4歳時の産経大阪杯における馬体を見たときです。プラス20kgの馬体重が示すように、ひと回り大きくなっただけではなく、筋肉量が増え、まるでダート馬のようなマッチョな馬体になったことに驚きました。2、3歳時にあった緩さもほとんどなくなり、まるで別馬のような力強さでした。

もうひとつは、キズナが引退してからしばらくして、その競走成績をまっさらな目で改めて振り返ってみたときのこと。2019年、僕は凱旋門賞を観戦するためにフランスのロンシャン競馬場を初めて訪れました。その年はフィエールマンにブラストワンピース、キセキという日本を代表する3頭が挑戦したにもかかわらず、どの馬も力を出し切れずに大敗を喫してしまいました。

恥ずかしながら現地に立ってみて初めて、本当の意味で、日本馬がヨーロッパの競馬場で勝つ、もしくは好勝負することの難しさを痛感したのです。日本ダービーを勝った反動が癒えていない3歳秋に海外へと遠征し、ニエル賞（G2）を勝ち、凱旋門賞でも4着と好走したキズナの凄さを思い知ったのでした。

父ディープインパクトとのコントラスト

父ディープインパクトには敵わないかもしれませんが、既にトップサイアーの一角の座を占めていますし、戦う場所を限定すればキズナの子どもたちの方が強いという場面も出てくるはずです。

それでは、ディープインパクトとキズナはどこが違うのでしょうか。2019年に社台スタリオンステーションにて、キズナとディープインパクトを同時に見せてもらう機会がありました。

最初に手綱を引かれて歩いてきたのはキズナでした。種牡馬入りして2年経っているにもかかわらず、馬体は黒光りして、大きなフレームで筋骨隆々、現役時代よりもさらに迫力を増した感がありました。そして何よりも、元気があり余っているのか、何度も立ち上がり、吠えたり、暴れてみたり、とにかく激しさを前面に出してきます。種牡馬としての矜持を、これでもかと振りまいているようでした。

次に登場したのがディープインパクト。大ファンである僕が拍子抜けするほど、ディープインパクトは普通に歩いて、立ち止まり、あたりを見回してまた歩く。手綱を引く人間は必要ないかもと思わせる大人しさで、これだけの大種牡馬であるにもかかわらず、借りてきた猫のよう。たしかに歩きは柔らかいのですが、馬体は現役時代と変わらないコンパクトさで、何も主張するところがありません。

2019年撮影

キズナとのあまりのコントラストに僕は驚き、両馬は父と仔という関係ではあれ、全く別の馬なのだと確信したのです。

それもそのはず、ディープインパクトは繁殖牝馬の良さを見事に引き出すことで、種牡馬とし

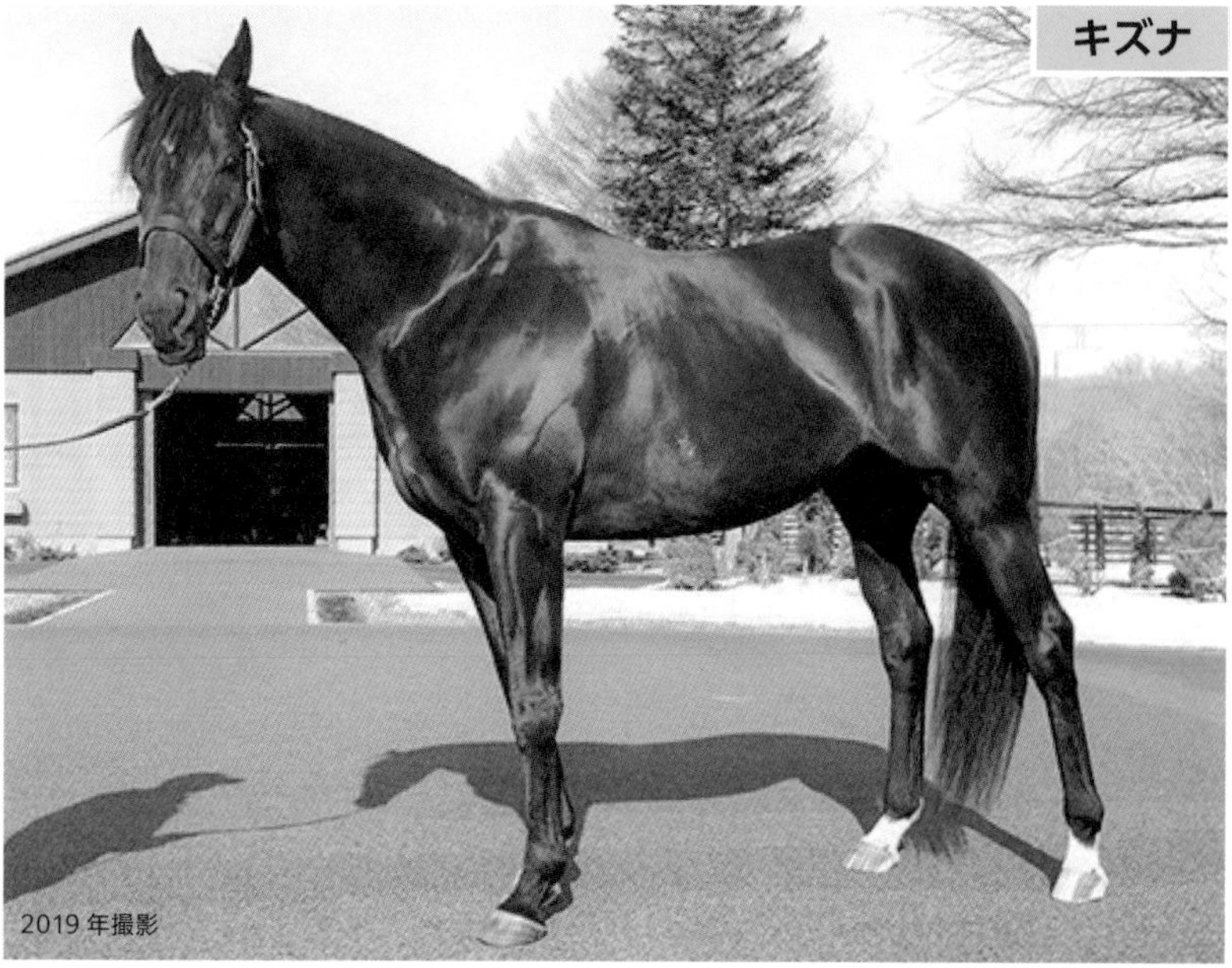

2019年撮影

てもこれだけの成功を収めることができたのです。馬体という観点からも、ディープインパクトに似ている産駒よりも、似ていない（母系の特徴が出ている）産駒の方が走る。産駒の1頭であるキズナも例外ではなく、キズナの馬体や気性には母系のストームキャットの血が色濃く現れているのです。

そして、ここからが重要なポイントです。ディープインパクトの産駒が種牡馬になった場合、今度は自身の母系の特徴を産駒に伝えていることが多い。

つまり、キズナは産駒にストームキャットの血を伝えていて、腹袋が大きく、筋肉量が豊富にあり、一瞬の切れ味よりもパワーや地脚の強

ソングラインの募集時掲載写真

さで勝負するような馬たちが多く出ているのです。かといって、ずんぐりむっくりのマッチョタイプかというとそうではなく、キズナ自身がそうであったように、首にはスラリとした長さがあります。この首の長さが、走るキズナ産駒のひとつの特徴であると言ってもよいでしょう。

キズナ産駒の活躍クラブ馬の馬体

前置きが長くなってしまいましたが、クラブ馬の中から、活躍したキズナ産駒の募集時の馬体を見ていきましょう。

まずは、並み居る牡馬を相手に安田記念を制したソングラインからです。個人的には、この馬が走るキズナ産駒の中では最も代表的かつ特

ステラリアの募集時掲載写真

徴的な馬体を有していると考えています。

　募集時の馬体を見てもらうと、牝馬としては筋肉量が豊富で、前躯にも後躯にもしっかりと実が入っています。手肢にも胴部にも長さがあって、バランスが良く、首回りに筋肉が付きすぎることなくスラリと伸びています。

　忘れな草賞（ＯＰ）を勝ち、２０２１年のエリザベス女王杯（Ｇ１）で2着したステラリアもまさに走るキズナ牝馬の典型的な馬体です。パッと見ただけで、「筋肉量の豊富さ」があり、「首差し」がスラっと長いことが分かるはずです。

　それほど見栄えがするタイプではありません

が、この先、筋肉量がさらに増えてくることを考慮に入れると、募集時はこれぐらい首差しがすっきりとしているぐらいがキズナ産駒としてはちょうど良いということです。

馬体重的には、ソングラインもステラリアも480kg前後で走っているように、あくまでも目安のひとつではありますが、これぐらいまで成長すると活躍が期待できますね。

ここで挙げた「筋肉量の豊富さ」と「首差し」がキズナ産駒の美点であり、弱点にもなります。結論から言うと、豊富な筋肉量を産駒に伝えることができるからこそ、特にキズナ産駒の牝馬は非力さがなく、走るのです。逆に、キズナ産駒の牡馬に顕著ですが、筋肉量が多すぎることで、軽い芝のスピードレースでは馬体が重くなりすぎて走らず、ダートに転向せざるをえない馬がいるということです。

また、首回りに筋肉がつきすぎるとパワーを有する反面、距離がもたない産駒が出てきてしまいます。サラブレッドの首と頭を加えた重量は、なんと100kg以上と体重の約20%を占め、そのバランスがいかに走りに大きな影響を与えるかは想像がつきますよね。キズナ産駒にマイラーが多いのはこれが最大の理由で、特に首回りに筋肉がつきやすい牡馬は案外距離がもたないタイプが多

バスラットレオンの
募集時掲載写真

い。

ニュージーランドT（G2）やサウジアラビアの1351ターフスプリント（G3）を制したバスラットレオンの馬体を見ると、牝馬ソングラインとの対照として、分かりやすいかもしれません。

バスラットレオンも胴部には十分な長さがあって、母系の血統的には長いところが合いそうですが、首回りに筋肉が付いて重いので、距離が延びるとスタミナ切れを起こしてしまうということです。スピードとパワーは十分すぎるほどあるのでマイル戦前後が活躍の場になりますが、馬体の見た目よりも距離がもたないのはそういう理由です。

キズナ産駒の牡馬は筋肉量の多さがマイナスとなり、首回りにも筋肉がつきすぎて軽さが失われてしまう馬が多いのです。だからこそ、キズナ産駒の牡馬は芝よりもダートの方が回収率や複勝率で上回ります。馬券的には、キズナ産駒の牡馬は芝からダート替わりのレースで狙うべきですね。

いずれにしても、キズナ産駒は筋肉量が豊富であることが、小柄に出やすい牝馬にとってはプラスに働くということです。

ディープボンド（20年菊花賞登録時　週刊Gallop提供）

クラブ馬以外の活躍馬

もちろん、例外的な牡馬もいます。冒頭で紹介したディープボンドです。

クラブ馬ではないため現役時の写真になりますが、この馬はいかにもキズナ産駒らしい筋骨隆々の馬体を誇っています。首は長いのですが、首から肩回りにもしっかりと筋肉が付いて、とにかくパワー勝負には滅法強そうですね。惚れ惚れしてしまうほどマッチョです。

筋肉の重さが邪魔をして、距離があまり長くなってしまうとガス欠を起こすのではと危惧していましたが、なんのその。とにかく無尽蔵のスタミナを誇っています。日本古来より続く母

アカイイト（22年エリザベス女王杯登録時　週刊 Gallop 提供）

系ゆえでしょうか、このような馬体をした一流のステイヤーは僕の記憶にはありませんね。

ディープボンドのように、これまでのところキズナ産駒は、非クラブ馬さらには社台グループ系列牧場以外からも、活躍馬が多数出ているのが特徴の一つと言えます。そうした馬についてもう少し紹介しておきましょう。

ステラリアをエリザベス女王杯で負かし、キズナ産駒として初めてのＧ１馬となったアカイイトは、ステラリアやソングラインをふた回りほど大きくしたような馬体を誇っています。

かといって、筋骨隆々のマッチョかというとそうではなく、首差しはスラリと長く、全体の

ファインルージュ（22年ヴィクトリアM登録時　週刊 Gallop 提供）

シルエットは美しい。これぐらい馬格があると、かえって仕上げが難しくなりますし、後ろからゆっくりと行かせて徐々にスピードに乗せていく競馬がベストですから、取りこぼしが多くなるのは仕方ありませんね。

続いては、秋華賞とヴィクトリアマイルでは２着と勝ち切れなかったものの、ソングラインと同程度の能力を秘めていたファインルージュです。同馬も首差しの長さや美しさという点では、キズナ産駒の中でも随一でソングラインよりも上かもしれません。若駒の頃から、首差しの長さに伴って、馬体全体には伸びがあり、とても５００ｋｇを超える大型馬とは思えないスマートなシルエットです。古馬になってからは、シルエットを維持しながらも５００ｋｇを超えるパワフルな馬体に成長しました。キズナ産駒の走る牝馬は、重さを感じさせない大きさがあるのです。

2020年函館2歳ステークス覇者のビアンフェは、胴部にも首にも長さが十分にあり、距離が延びても良いタイプの馬体に映りますが、意外にも短距離戦に良績が集中しています。

手脚がやや短く、低方形に映るため、全体としてはピッチ走法になってしまうことに加え、どちらかというとキズナから受け継がれた気の強さからくる前進気勢や勝負根性といった気性の影響が大きいのではないでしょうか。

まとめ

キズナ産駒には、筋肉量の多さや首差しの良さ、気の強さや勝負根性が見事に受け継がれていますが、こうしてみると、様々なタイプの走る産駒が出ていることも分かります。キズナは産駒にストームキャットの血を伝えていて、腹袋が大きく、筋肉量が豊富にあり、一瞬の切れ味よりもパワーや地脚の強さで勝負する、という認識はあくまでも木の幹（基本線）であって、枝葉を見るとバラつきもあるということです。

では、どのようにしてキズナの走る産駒を狙うべきか。最終的には全体のバランスだと思います。前躯と後躯のバランスから始まり、手肢から首差し、胴部の長さのバランスに至るまで、あまり偏ってどこかが勝っていたり、強かったり、マッチョすぎる馬体は避けるということです。

パッと馬体全体を見て、首差しがスラリと長く、スマートに映るぐらいのバランスの良い馬を選んでみましょう。そして、父キズナからの肉体的な特徴（筋肉量の豊富さ）を受け継いで、メリットを十分に享受できるのは、牡馬よりも牝馬が多いということも覚えておいて損はないと思います。

最後に補足しておくと、父ディープインパクトと比べて筋肉量が多いキズナの産駒から、意外にも距離が延びても走る馬が出ているのは、馬体の緩さからです。緩さがあるから距離がもつのですが、反面、完成するまでに意外と時間を要するかもしれません。また馬体の緩さゆえに最初は距離がある程度はもつけれど、成長に伴って、次第に短いところが合うようになる馬も多いはずです。

出資する僕たちとしては、なるべく馬体に緩さの少ないキズナ産駒を狙うべきでしょう。動きから緩さを見るポイントとしては、後肢がきっちりと踏み込めているか、前後から見て左右にブレずに歩けているかに注目してみてください。

種牡馬別 ジャスタウェイ産駒の見かた

種牡馬別の馬体の見かたとして、続いてジャスタウェイ編をお届けします。初年度から皐月賞2着、日本ダービーと菊花賞を3着とクラシック路線で好勝負を演じたヴェロックスを出し、3年目の産駒として、ダノンザキッドという大物がついに登場しました。

初年度からの種付け頭数の推移は（220頭↓151頭↓121頭↓151頭↓214頭）とV字を描く形となっており、この214頭が2023年の3歳世代にあたります。

また、この次の世代はスタリオンの移籍もあって86頭と再び大きく減らしており、波乱万丈の種牡馬生活を送っています。

今振り返ってみると、2018年の新馬戦が始まった当時、セリ市や牧場に足を運び関係者と話をすると、ジャスタウェイの話題が出ないことがほとんどありませんでした。ある種の驚きを持っ

ジャスタウェイ（14年安田記念登録時　週刊Gallop提供）

て、新種牡馬ジャスタウェイの活躍が語られていたのは、それほどのスタートダッシュを期待されていなかったからではないでしょうか。

ジャスタウェイ自身の馬体と特徴

ジャスタウェイ自身、古馬になっての4歳秋から覚醒した晩成タイプでした。勝てなかった（勝ち味に遅かった）時期が長いため、2013年天皇賞・秋の切り裂くような末脚には息を飲みました。父ハーツクライがそうであったように、古馬になってから馬体がぐっと成長し、トモの実の入りが充実して花開いたということですね。

馬体的にも、ハーツクライ産駒らしく、胴部には十分な長さがあり、その分やや低方形（体高よりも体長が長い）に映り、気性も穏やかで操作性が高いタイプでした。そういう意味においても、ジャスタウェイはハーツクライの正統な後継者というイメージが強いです。だからこそ、その現役時代を知っている誰もが、ジャスタウェイ産駒が2歳夏から、短い距離で走るとは想像していなかったのです。

なお、立ち写真からは分かりづらいのですが、ジャスタウェイ自身を前から見た際の特徴としては、X状肢勢、いわゆる「X脚」の傾向が見られます。

前肢を前から見たとき、肩端の中央から下した垂線が、膝、管、球節、蹄を通って、これらを二等分しているように見えるものを正肢勢といいます。正肢勢の反対概念として、不正肢勢（正しくない肢勢）というものがあり、明らかに正しい肢勢の状態から外れてしまっている肢勢をいいます。競走能力や脚元の健康に支障をきたすのではないかと疑われるレベルの肢勢が不正肢勢です。

ジャスタウェイ自身が不正肢勢かと問われたら、人によって答えは異なるかもしれませんが、僕はそこまで不正肢勢ではないと答えます。実際に走ったからそう言えるのかもしれませんが、許容範囲内ということです。個人的に僕は肢勢をほとんど気にしません。

というのは、気にし始めるときりがないことと、多くの名馬たちが肢勢の悪さなど全く関係なく活躍してきたことを、二ノ宮敬宇元調教師をはじめとした名ホースマンたちから聞かされてきたからです。

ジャスタウェイ産駒が早い時期から活躍できる理由

ジャスタウェイの産駒たちにもX脚が遺伝している馬はたしかにいますが、ほとんど気にする必要はないでしょう。なぜかというと、ジャスタウェイ産駒の馬体はシンプルであるからです。

最初からスクエア（体高と体長が等しい四角形）に近いシンプルな馬体に出るからこそ、多少肢勢が悪くても脚元に余計な負荷が掛からず、順当に調教を進めることができるのです。そして、ジャスタウェイ譲りのスピードや瞬発力を素直に引き出すことができ、産駒は距離を問わずに好走します。

なぜジャスタウェイ産駒は、僕たちの予想に反して、早い時期から、しかも短い距離でも走ることができるのか。その答えのひとつがここにあります。

前述したように、父ハーツクライの産駒は、胴部が長く、低方形のタイプに出ることが多く、成長につれて背が高くなり、最終的には雄大なスクエアの馬体に成長する傾向が強かったのに対し、ジャスタウェイの産駒はやや低方形に出ながらも、そのまま馬体が崩れずにデビューを遂げて走る馬が多いのです。

そして、早くから活躍できるもうひとつの要因としては、気が良いということです。オンとオフの区別がしっかりとついていて、人間の言うことは落ち着いて聞くことができつつ、いざ調教やレースに行って走り出すと前向きに走る。その賢さはレースに行っても、騎手の指示に素直に応えられ、折り合いが付いて流れに乗れるという面でも生きてきます。結果として、その馬の持てる能力を十全に発揮できるのです。

種牡馬としては良いことずくめの優等生ですが、課題としては、3歳のクラシックシーズンを迎えての成長力、さらに古馬になってからの上積みがあるかどうかです。無駄のないシンプルな馬体で、完成度が高く、早い時期からの活躍が見込める反面、その先が尻すぼみになってしまう傾向は他の多くの種牡馬にも見られますからね。

グロオルロージュの
募集時掲載写真

ジャスタウェイ産駒の典型例

種牡馬としてのジャスタウェイの総評はここまでにして、実際に走った産駒を、いつものようにまずはクラブ馬から見てみたいと思います。

僕が最もジャスタウェイ産駒らしいと考えるクラブ馬としては、志半ばで引退してしまいましたが、準オープンまで出世したグロオルロージュを挙げたいと思います。典型的なジャスタウェイ産駒の馬体を有しているという意味です。

決して見栄えのするタイプではありませんが、付くべきところには筋肉が付いて、胴部には長さがあり、やや低方形には映りますが、シンプルで無駄のない馬体です。無駄のないとい

シングフォーユーの募集時掲載写真

うところがポイントですが、つまり欠点が少ないということですね。ここに気性の前向きさが加わると、レースに行って安定して走るのもうなずけます。

次に、こちらはオープンクラスで活躍したシングフォーユー。腹回りに余裕があって、やや腰高に映りますが、全体的にはシンプルな馬体ですね。

このようなタイプは育成が進んでいくと、馬体が絞れて、胴部の長さがさらに目立つはずです。何よりも重い筋肉がついていないことがポイントです。一見、迫力不足に映るかもしれませんが、無駄な筋肉が付いていないという意味で、ジャスタウェイ産駒としてはこれくらいの

ダノンザキッド（20年ホープフルS登録時 週刊Gallop提供）

シンプルさで良いのだと思います。

早い時期から安定して走る（稼ぐ）ジャスタウェイ産駒を見つけるためには、上記2頭が示してくれたような馬体的特徴の馬を狙うべきです。胴部に長さがあって、やや低方形に映り、余計な筋肉が付いていないシンプルな馬体。その方が脚元にも負担が掛かりにくいという意味もあります。

大物産駒の特徴は

ところが、ちゃぶ台返しをするようですが、ジャスタウェイ産駒の大物に限っては、安定して走る馬とはまた違った傾向を示しているのも事実です。

ジャスタウェイの代表産駒になるであろうダノンザキッドの馬体だけを見ると、もう圧巻というべきか、クラシック前の時点でこの馬体の迫力とバランスの良さは驚異的です。

実は、この馬を初めて見たとき、血統を知らずにいたのですが、あとからジャスタウェイの産駒だと知って驚いた記憶があります。言葉は平凡かもしれませんが、ジャスタウェイからすごいのが出てきたなと素直に感じました。

どういう意味かというと、シンプルに出やすいジャスタウェイ産駒の馬体のイメージを超えてくる、雄大さと筋肉量の多さが群を抜いていたのです。セレクトセールで1億円（税抜）の高額で落札されたのも頷けます。ダノンザキッドに関しては、走るジャスタウェイ産駒の馬体としてよいのかという疑問はありますし、ジャスタウェイ産駒ということだけではなく、理想的な現代サラブレッドの馬体のお手本として鑑賞しても良いぐらいです。

筋肉量の多さという点においては、初年度産駒のヴェロックスも似ている面があります。

首差しから前躯にかけて薄くて頼りなさを残しつつも、トモにはしっかりと実が入っています。

ヴェロックス（19年皐月賞登録時　週刊Gallop提供）

ダノンザキッドと比べると胴部より手肢の長さがやや短く、低方形に映るタイプの馬体ですが、筋肉量の多さを生かしつつ、皐月賞2着、日本ダービーと菊花賞が3着と早い時期からクラシック戦線で活躍しました。後躯からの推進力は強いのですが、頭の位置が高く、走ると上へ上へと力が逃げてしまうように、もう少し首を上手く使えていたら、G1のタイトルをとっていたかもしれません。

上記2頭はクラブ馬ではないのですが、あえて紹介したのには意味があります。それはジャスタウェイ産駒の大当たりを狙うために必要な要素が、この2頭には凝縮されていると僕は考えるからです。

ジャスタウェイ産駒は馬体的には外れの馬は意外に少なく、脚元以外にマイナスの材料はありません。ほとんどの馬はシンプルでかつコンパクト、要するに無駄のない馬体を誇っているため、減点方式の選び方ではなかなか通用しないのです。だからこそ、安定して走る馬ではなく、大物を当てるための馬体の見かたにおいては、少し違った視点を提案したいと思います。

大物産駒の共通点

大当たりを狙うために必要なひとつめの要素とは、筋肉量の多さです。他の種牡馬の産駒であれば、マッチョでちょっと重すぎるかもと心配になるぐらいでも、ジャスタウェイ産駒の大物を狙うとすれば目をつぶりましょう。ハーツクライからジャスタウェイというサンデーサイレンス系の流れを汲むのは一切やめて、ジャスタウェイの母系に流れるアメリカ血統のパワーとスピード、もしくは繁殖牝馬の母系から受け継がれる力強さが前面に出ている馬体の馬を選んでみるということです。

素軽さが問われる日本競馬の時代の流れに逆行するような馬体の見かたですが、本当に走るジャスタウェイ産駒を見つけるにはそれぐらいの大胆さが必要かと思われます。

アウィルアウェイ

アウィルアウェイの
募集時掲載写真

シルクロードS（G3）を制したアウィルアウェイは、ヴェロックスと同様に、いやそれ以上にトモの筋肉量が豊富であって、前躯に比べて後躯がより力強いです。

やや低方形の低重心であり、腹周りにも余裕があって、いかにもパワータイプの短距離馬という馬体ですね。父ジャスタウェイの母系と母ウィルパワーの母系に流れる、アメリカのパワーとスピードの血が馬体の全面に出てきているようです。ジャスタウェイの産駒で大物を狙う際は、これぐらいパワーに寄ったタイプを選ぶ方が良いのかもしれません。

ジャスタウェイ産駒のクラブ馬として現時点で最も稼いでいるのは、ロードマイウェイです。

ロードマイウェイ（20年大阪杯登録時 週刊Gallop提供）

大型馬ではありませんが、筋肉が豊富で、がっしりとした馬体の持ち主です。顔つきを見ると、気性的にはきつそうな印象を受けますね。同馬が好走と凡走を繰り返していたのは、馬体ではなく気性ゆえではないかと思います。ダノンザキッドもそうですが、普段はそれほどうるさくはないのですが、レースに行くとスイッチが入るタイプなのかもしれません。ジャスタウェイ産駒としては、気の強さとしてプラスに働くということです。

もうひとつの要素は首の高さです。首の高さはジャスタウェイ産駒の弱点でもありますが、前躯にもしっかりと筋肉がついている馬を選ぶとすれば、馬体の構造上、首が高い走法になることは仕方ありません。顎が上がってしまうほどになると問題ですが、首を上手く使うことができなくても、胸を張って走る程度であれば許容範囲です。

むしろ前躯の筋肉量が豊富であるからこそ、どうしても首が高くなってしまうと考えることができるのではないでしょうか。強靭なトモの蹴りを前躯が受け止めるイメージです。当然のことながら、距離適性には限界があり、一瞬の切れ脚（瞬発力）を要求されるようなレースでは劣ってしまうはずですが、スピードとパワーで押し切れるレースには滅法強いはずです。

まとめ

最後にまとめると、ジャスタウェイは意外にも一か八かの種牡馬ということです。安定して走る産駒を狙うとすれば、できるだけシンプルで無駄な筋肉が付いていない馬体の馬を選ぶべきなのに対し、G1タイトルを狙うような大物を見つけたいと思うならば、前躯にも後躯にもしっかりと実が入っている筋肉量の多い馬に賭けてみるべきです。

その際に首の高さについては、むしろ後躯の推進力を受けとめるために、前駆が過度に発達していることの代償であると目をつぶる方が良いかもしれません。つまり、ジャスタウェイ産駒で大物を狙う場合は中途半端な馬体の馬ではなく、トレードオフを受け入れて、まさに一か八かという馬体の馬を狙ってみてはいかがでしょうかということです。

種牡馬別 モーリス産駒の見かた

種牡馬別の馬体の見かたとして、モーリス編をお届けします。いつ書こうかとウズウズしていたのですが、2022年にジャックドールが札幌記念、2023年に入ってラーグルフが中山金杯、ノースブリッジがアメリカジョッキークラブカップを勝利したのをもって、そろそろ結論を出しても良い頃だと感じました。

というのも、これまで何頭かのモーリス産駒に実験的に出資してみて僕の中ではすでに答えが出ていたのですが、それを確信を持って語れるタイミングが来たということです。

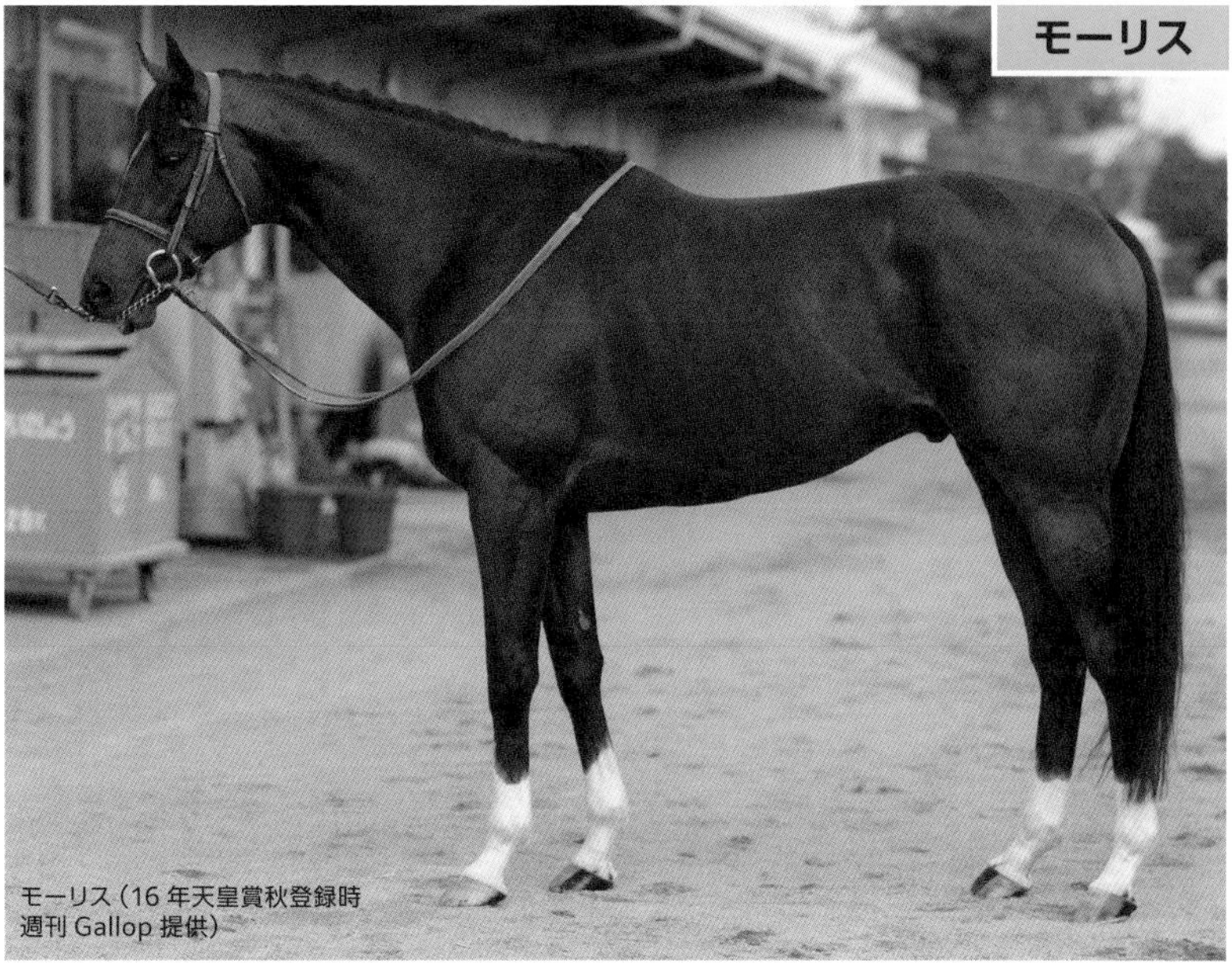

モーリス（16年天皇賞秋登録時
週刊 Gallop 提供）

モーリスの現役時を振り返る

もったいぶるわけではありませんが、結論は後に述べるとして、まずはモーリス自身について語っていきます。ご存じのとおり、モーリスは1歳時にサマーセールにて150万円で購入され、育成を施された上で翌年の北海道トレーニングセールに再上場、公開調教でラスト2ハロンの最速時計を出して1000万円で落札された経緯を持っています。いわゆるピンフックされた馬であり、良血とは言いがたいのですが、その馬体の素晴らしさは僕の記憶にも残っています。

若駒の頃は体質的に弱いところがあり、重賞では善戦止まりでしたが、その頃から胸が深くて筋肉にメリハリがあり、3歳馬離れした馬格の雄大さを誇っていました。古馬になってからも変わらず前後躯のバランスが良く、首差しの長さ・太さ・角度は理想的と言え、実に堂々とした立ち姿を披露してくれています。モーリスは血統ではなく馬体が優れた馬、つまり馬体の良さで走った名馬であるということです。

モーリスの気性と成長曲線

モーリスのもうひとつの特徴としては、穏やかで温厚な性格の馬であったことです。引退式をパドックで行った時に堀調教師をはじめとして、子どもから女性まで、たくさんの方々がモーリスの鼻づらを撫で、体中を触っていたシーンが印象的でした。あんなことはモーリスと人間の間に相当な信頼関係がないとなかなかできません。

社台スタリオンステーションの徳武英介さんは、モーリスの性格についてこう語っていました。

徳武英介氏　とても扱いやすい馬で、大事に育てられたことが伝わってきますね。馬体の緩さと連動するかもしれませんが、性格的にもカリカリしているところは全くありませんね。

メジロフランシスの父カーネギーもそうでしたし、スクリーンヒーローやグラスワンダーも普段はポーっとしているタイプでした。言ってみれば、ほのぼの一家の出身という感じでしょうか(笑)。あまりストレスをかけすぎるのは良くないと思います。馬体的にも性格的にも、3歳になってから本格化するのではないでしょうか。

(一口馬主DB【新種牡馬】モーリス産駒の傾向と対策より)

性格的におっとりしていることは、競走馬としての本格化(仕上がり)の遅さにつながってきます。なぜサンデーサイレンス産駒があれだけ緩い馬体であったにもかかわらず、数本の追い切りをかけただけで仕上がってレースで走ったかというと、気性が激しかったからではないでしょうか。わずかな環境や人間の接し方の変化に敏感に反応し、自分で身体をつくるようなタイプが多かったために、サンデーサイレンスの直仔やその孫たちは早くから走ることができ、クラシック戦線を席巻することができたのです。

サラブレッドの成長には肉体的な成長と精神的なそれがあります。僕たちはどうしても肉体的な成長ばかりに目が行ってしまいますが、人間と同様に、サラブレッドは精神的にも成長することを見逃してはいけません。肉体的な成長に伴って精神的な成長を遂げることもあれば、その逆もまた然り。中には肉体的な成長に精神的なそれが伴わない馬もいれば、精神的には成熟しているにもかかわらず肉体的に幼いという馬も当然います。

これは今でも親によく言われることなのですが、僕は幼稚園の駆けっこではいつもビリだったそうです。ヨーイドンの合図で他の子が一生懸命に走り出しても、僕だけは一向に走ろうとしなかったというのです。その頃の僕には、誰よりも速くゴールするという競走の意味が分かっていなかった。他の子に比べて物心がつくのが遅かったのでしょう。

競走馬のデビュー戦から2、3戦目までは幼稚園児の駆けっこのようなもので、訳もわからないうちに終わってしまう馬も多くいます。もちろん、物心がつくのが早い馬と遅い馬がいて、デビュー前の調教から好タイムを連発し、新馬戦を圧勝するような馬は前者です。新馬戦から2、3戦目ぐらいまでは肉体の完成度が高いだけではなく、気持ちが走るということに向いているかどうかが問われるのです。

モーリスはまさに肉体的な成長が先に来て、その後から精神的な成長が追いついてきたタイプだと考えます。競走成績を振り返ってみても、新馬戦や500万下（万両賞）こそ勝ち上がったもの

モーリス

モーリス 社台SSにて（8歳）
スタッドイン後もおだやかな表情が印象的

の、オープン・重賞クラスでは勝ち切れない競馬が続きました。

その後、堀宣行厩舎に転厩した4歳時から大躍進を遂げたように見えるのは、堀調教師の手腕はもちろんのこと、その時期にようやく肉体面の完成に精神的な成長が追いついたという面もあるのではないでしょうか。肉体と精神の歯車がかみ合い、のんびり屋さんだったモーリスの走る気持ちにスイッチが入ったのです。つまり、モーリスほどの馬でも、肉体面と精神的な成長が一致しなければ勝ちあぐねてしまい、望ましい結果が出ないということですね。

前置きが長くなってしまいましたが、モーリスについてよく知ることはモーリス産駒に対する理解を深めることになりますのでご理解ください。モーリスは群を抜く馬体の素晴らしさで走った馬であり、精神面の成長があとからついてきた馬ということです。そしてその傾向は産駒にも遺伝しています。

モーリス産駒の活躍馬の馬体をみる

ここからは、本題であるモーリスの走った産駒の馬体について語っていきます。モーリス産駒は初年度からクラブで数多く募集されたこともあり、見学ツアーなどで馬体を見る機会が多かった中、当時の僕は大きな疑問にぶち当たっていました。

当時募集されていたモーリスの産駒は、「筋肉量が豊富なマッチョなタイプ」と「全体的にスラっとして華奢なタイプ」に大きく分かれましたが、果たしてどちらのタイプが走るのだろうか。どちらも走るという可能性もなきにしもあらずでしたが、現実的にはどちらかが正解という二者択一だと考えていました。にもかかわらず、僕はどちらとも決めかねた結果、筋肉量が豊富なマッチョなタイプと全体的にスラっとして華奢なタイプの両方に出資してみることにしたのです。それが冒頭で書いた、「実験的に出資してみた」の意味です。

どちらとも決めつけずに出資して追いかけてみたところ、早い段階で結論は出ました。前者である筋肉量が豊富なマッチョなタイプのモーリス産駒の方が、デビューする時期も早かったですし、その後もコンスタントに走って活躍しています。対して後者の全体的にスラっとして華奢なタイプのモーリス産駒は、デビューまでに時間が掛かった割にはデビュー戦を勝つのがやっとで、上のクラスに上がると鳴かず飛ばずになってもがいている状況です。後者の方が血統的には優れていますし、見学ツアーでも評判の1頭でした。

このことから、モーリス産駒の大物は筋肉量が豊富でマッチョなタイプから出るのではないか、と考えるようになりました。

それでは、実際に走ったモーリス産駒の馬体を見ていきましょう。まずはモーリス産駒として初めて中央競馬のG1レースを制したピクシーナイトから。マイル王であったモーリスからスプリント王者が最初に出たことが、全てを物語っています。

ピクシーナイトは一見、手肢がスラリと長いタイプだと思えるかもしれませんが、実馬を目の前にして前や後ろから見るとまるで熊のように大きくて幅のある馬です。スプリンターズステークス

ピクシーナイトの募集時掲載写真

を制したときの馬体重が538kgですから、馬格があることはもちろん、とにかく筋肉量がハンパないということですね。募集当時から筋肉モリモリでしたが、レースを使いつつ、ますます筋肉量が増えていきました。母ピクシーホロウも470～480kg台と馬格はあった方ですが、ピクシーナイトの圧倒的な筋肉量の豊富さは父モーリスから譲り受けたものですね。

ピクシーナイト

ピクシーナイト（21年スプリンターズS登録時　週刊Gallop提供）

続いて、こちらはクラブの募集馬ではありませんが、モーリスの代表産駒の1頭となったジャックドールについて。僕の中では、ジャックドールが典型的な走るモーリス産駒の馬体です。

見てもらえばすぐに分かるように、ずんぐりむっくりで、やや手肢が短く低重心に映る、筋肉量が圧倒的に多いマッチョな馬体です。この馬も馬体重は500kg台であり、胸の深さだけではなく、前から見たときの胸の幅の厚さにもすさまじいものがあります。決してスマートな体型ではありませんが、筋肉の塊という表現がピッタリきますね。派手な流星と白目がちな目の表情が可愛らしく、ぬいぐるみのようだと思うのは僕だけでしょうか。

ジャックドール（22年札幌記念登録時　週刊Gallop提供）

もう1頭、こちらもクラブ馬ではないのですが、走るモーリス産駒の典型的な馬体だと思う馬がいますので紹介します。ラーグルフです。

コロンと映るほどに胴部は詰まっていて、重心が低いパワータイプです。この馬の特徴もまた、胸が深くて、しかも幅が広い点にあります。

ピクシーナイトもジャックドールもそうですが、胸の深さ・幅の広さは「胸の容積が大きい」ことを意味します。心臓や肺といった競走馬のエンジンは胸に収容されますので、胸の容積が大きい＝搭載されているエンジンが大きいということになります。ラーグルフは父モーリス譲りの胸の容積を有している馬であり、この先も大きなエンジンを活かして活躍してくれると期

ラーグルフ（22年中山金杯登録時　週刊Gallop提供）

待しています。

2023年のアメリカジョッキークラブカップを制したノースブリッジについても触れておきましょう。牝系をさかのぼるとモガミヒメやクリヒデに行き着く日本古来の血統であり、アメリカ的要素が強いジャックドールやラーグルフとは血統的な背景が異なります。

それでも、胸の深さと幅広さに関しては、これまでに挙げた馬たちに引けを取らない素晴らしいものがあります。さっきから胸のことばかり言って胸フェチの男性みたいになっていますが（笑）、ノースブリッジの胸の大きさには惚れ惚れするものがあります。母アメージングムーンは小柄ながらも胸前がガッシリとしたつ

ノースブリッジ（23年AJCC登録時　週刊Gallop提供）

くりの馬でしたから、そこにモーリスが配合されるとこんなにもパワフルな馬体の馬が誕生するのですね。

ここまではすべて牡馬でしたが、次は、超良血と言うべきジェラルディーナを挙げます。牝馬ということもありますが、募集時の馬体を見る限り、それほどガッチリとしたタイプではなく、母ジェンティルドンナ譲りの首差しの良さと高さ、そして父モーリスからはある程度の筋肉量を受け継いだというイメージでした。

実際には気性の激しさを秘めていたようで、陣営は育成や調教に苦労したと思いますし、パドックから入れ込んだりして、力を出し切れていないレースもありましたね。それでもここま

ジェラルディーナの
募集時掲載写真

で走ってきているのは、血が騒ぐということもあるでしょうが、それ以上に、デビューからエリザベス女王杯まで馬体重が30kg増えていることからも分かるとおり、馬体が少しずつガッチリと成長してきているからです。募集時には感じられなかった胸の厚みが出てきていますね。

もう1頭、こちらも「典型的な」走るモーリス産駒とは言えないものの、オープンで活躍するクラブ馬としてトゥーフェイスの馬体を見ておきましょう。

募集時は前躯と後躯にバランス良く筋肉が豊富についていて、力強いですね。腹構えもしっかりして、パワー型であることが伝わってきます。走っているモーリス産駒にしては、それほ

ジェラルディーナ（22年エリザベス女王杯登録時　週刊Gallop提供）

ど胸前がマッチョなタイプではないのは、母の父ディープインパクトの影響が強めに出ているからでしょうか。馬体重を500kg台まで増やしつつパワーアップしているのは良い傾向ですが、もうひと回り胸が深くなって幅が出てくると、重賞を勝ち切れるモーリス産駒の馬体になってくるはずです。

モーリス産駒を見る際のポイント

つまり、走るモーリス産駒を手に入れたければ、胸の大きな馬を選べということです。胸の大きさについては、P23に詳しく書いていますし、前著「馬体は語る」の中で僕は胸の大きい馬の例としてグラスワンダーを挙げました。胸の大きさはグラスワンダーの直仔であるスク

トゥーフェイスの募集時掲載写真

リーンヒーローに伝わり、その仔のモーリスへと伝わり、そしてモーリスの仔たちにも伝わっています。胸に幅と深さがあるマッチョなタイプの馬体は牡馬に多いですから、モーリス産駒は牡馬に活躍馬が多いのも当然かもしれません。

胸の大きな馬を狙うためには、馬体を横から見るだけではなく、正面から見る必要があります。クラブによっては募集カタログに正面からの写真を載せてくれているところもありますし、写真がなければ動画を一時停止して確認することはできるはずです。そうして胸の深さと幅を確認してみてください。また、測尺における胸囲の数値もある程度は目安になるでしょう。ちなみに、胸囲は馬体重と連動していますので、胸の大きい馬を狙うということは、基本的にはある程度の馬格（馬体重）がある馬を狙うことになるはずです。

まとめ

モーリス自身は血統ではなく、馬体の素晴らしさゆえに走った馬でした。雄大な馬格を誇り、手肢も長くて全体のバランスにも優れていて、特に前躯の力強さ、胸の大きさには特筆すべきものがありました。それはグラスワンダーからスクリーンヒーローへと伝わり、モーリスへと受け継がれてきた美点です。そして、モーリスの産駒も同様に、胸に大きなエンジンを搭載している馬が走るのは当然のことかもしれませんね。美点を受け継いでいる馬を素直に狙いましょう。具体的には、前躯が発達していて、胸に深さと幅があり、比較的大型なパワータイプの馬体の方が走るということです。

最後に、モーリス産駒は肉体的な成長に精神面があとから追いついてくる傾向がありますから、とにかく待つことが大切です。レースを使いながら筋肉の水っぽさが抜けてくるのを待ち、馬が走る気になるまで急かすことなく待ち、肉体の完成と精神の成長が一致するまで待つのです。長い目で見て、長いスパンで回収することを念頭に、待つことを楽しめる方々にこそモーリス産駒には出資してもらいたいと願います。

種牡馬別　ルーラーシップ産駒の見かた

種牡馬別の馬体の見かたとして、ルーラーシップ編をお届けします。そろそろと思いつつも、もう少し活躍馬が出てきたらにしようと考えているうちに、ロードカナロアがすい星のごとく現れ、キングカメハメハの後継種牡馬としての地位や名声をあっという間に奪っていきました。

ところが、その後、ルーラーシップ産駒も遂にブレイクし、コーフィールドカップを勝ったメールドグラースを筆頭に、数々の重賞ウィナーが誕生しました。いよいよルーラーシップについて語るときがやって来たのです。

メルボルンカップで見たメールドグラースの底力

ルーラーシップの種牡馬としての成功を僕が確信したのは、先ほど挙げたメールドグラースが登場したことと、2016年度産の世代あたりから、産駒全体のレベルが底上げされてきたのを肌で感じたからです。

これまでルーラーシップの代表産駒はキセキでしたが、メールドグラースも強いなと感じたのは、敗れはしたものの6着に突っ込んできたメルボルンカップでした。それまでも日本のG3レースを3連勝し、オーストラリアのコーフィールドカップでG1初勝利を挙げましたが、それでも半信半疑というか、正直に言うと、日本のG1タイトルにはわずかに手が届かないレベルではないかと評価していました。しかし、メルボルンカップでの走りを観たとき、メールドグラースの内に秘められている、無尽蔵のスタミナを発見したのです。

メルボルンカップというのはかなり特殊なレースであり、分かりやすく言うと、ステイヤーのためのそれです。天皇賞・春のような軽い馬場で行われる3200mとは大きく違い、本質的なスタミナを問われるマラソンレース。日本の競馬で活躍するために必須である、軽さやスピードとは対極にある資質が求められるレースがメルボルンカップ。現地に観戦しに行った僕の感覚からさらに付け加えると、長距離戦で折り合ってスタミナをロスせずに走るためには、気性的な落ち着きや我慢強さが必要です。

メルボルンカップのパドックを歩くメールドグラースの姿を見て、あまりにも落ち着き払っていたので驚きました。メールドグラースはブリンカーをしているように、気性的にやや難しいところがあるのかと心配していましたが、全くそのようなことはなく、むしろ環境に慣れるのが早く、精神的な強さを備えていることが伝わってきました。そしてレースでは後方からのレースになってしまい、そのまま力尽きるかと思いきや、ゴール前では猛然と追い込んできたのですからさらに驚かされました。僕の予想は良い意味で裏切られましたが、つまり、その裏切られた部分である「スタミナの豊富さ」と「賢さ」こそが、メールドグラースの長所であり、ルーラーシップから産駒に伝わる最大の特徴なのです。

ルーラーシップ（12 年 AJCC
登録時　週刊 Gallop 提供）

ルーラーシップ自身の馬体

まずはルーラーシップ自身の馬体について見ていきましょう。前著「馬体は語る」のキングカメハメハ編でもお話ししたように、僕は当歳時のルーラーシップの立ち写真を鮮明に記憶しています。あまりの素晴らしさに衝撃を受け、直感的にこの馬に出資すべきだと感じたのですが、一口450万円という馬代金を見て、理性的にあきらめざるを得なかった苦い思い出があります。結局のところ、僕があのとき見た、前駆から胴部にかけてのボリューム感と、首差しや手脚がスラリと長く伸びたアンバランスさこそが、走るキングカメハメハ産駒の典型だったのです。

キングカメハメハは血統的には父がキングマンボ、つまりヨーロッパの血が流れていますので、下手をすると手脚の重い産駒が出てしまいがちです。そこをサンデーサイレンスの手脚の軽さを持った繁殖牝馬との相性が補う形で、あれだけの走る産駒が誕生していたということです。実はルーラーシップの母系にはサンデーサイレンスの血が一滴も入っていないのですが、それでいて手脚の軽さが出ていたので買いだったのですね。

同じことはキングカメハメハの後継種牡馬であるルーラーシップにも当てはまり、ルーラーシップ産駒の走る馬の共通点はそこにあります。胴部（特に胸から肩にかけて）はボリュームたっぷり、腹袋も大きく、ガッチリと筋肉質に出るのですが、脚元は軽くて長さがあるということです。サンデーサイレンスの血を生かすことができれば、力強さと軽さを融合した馬体に出るはずですし、またサンデーサイレンスの血が入っていない馬だとしても、脚元に軽さがある馬を狙った方が良いということです。

ルーラーシップ産駒の走る馬体

メールドグラースの1歳時の立ち写真を見てみると、前駆の筋肉が隆起していて力強く、コロン

メールドグラースの
募集時掲載写真

として映るほど腹袋が大きいですね。前駆の発達に比べると後躯に物足りなさを感じますが、ルーラーシップ産駒はそれで良いのです。時間をかけてトモに実が入って、緩さがなくなっていけば良いのです。ステイヤーに最初から馬体の完璧さを求めてはいけません。割り切りが必要なのだと思います。しかし手脚の軽さは譲れません。メールドグラースは実にすっと肢が伸びていて、特に後ろ肢の長さは目立ちますね。

先ほど述べたコロンとして映る胴部は、ルーラーシップ産駒に共通する特徴のひとつです。そこが同じキングカメハメハの後継種牡馬であるドゥラメンテとの大きな違いです。社台スタリオンステーションの徳武英介氏は、ルーラーシップとドゥラメンテの胴部の違いについて、以前、当連載のインタビューでこう語っていました。

「肉体的な特徴としては、アドマイヤグルーヴがロングボディー（伸びのある馬体）でしたので、ドゥラメンテにはそれが濃く出ています。ノーザンテーストが出たダイナカールからエアグルーヴまでは比較的胴が詰まって整ったボディでしたが、アドマイヤグルーヴのところで伸びたのですよね。似たような血統構成ですが、ルーラーシップとドゥラメンテの馬体の違いはそこにあります」

ルーラーシップ産駒の馬体はコンパクトに詰まって整っていますが、いざ動かすと首から肩、トモなど、全身を大きく使って歩き、そして走ります。動かしてみてさらに良いのが走るルーラーシップ産駒の特徴のひとつです。

（一口馬主DB［新種牡馬］ドゥラメンテ産駒の傾向と対策より）

2019年、某クラブの牧場見学ツアーに参加させてもらい、100頭近くの1歳馬の動きを一気に見せてもらいましたが、ルーラーシップ産駒の動きの良さは目立っていました。可動域が大きく、柔らかく歩くことができ、また落ち着いて歩けるので、非常に良く見えるのです。ルーラーシップ産駒を検討するときは、必ずウォーキング動画も観て、大きく柔らかく歩けているかどうかを確認してから出資すると良いでしょう。

ところが、可動域の大きな動きは、馬体の緩さも伴って、俊敏性を失うことにつながるのがルーラーシップ産駒の大きな課題でした。フットワークが大きいため、伸び伸びと走ることができる東京競馬場が合っていると当初は考えていましたが、あまり成績が振るわないのは、ラスト3ハロンを33秒台で駆け抜けるような上がり勝負の競馬に弱いから。逆に中山競馬場のような上がりが掛かるコースにおける成績が良いのは、ジワジワと脚を伸ばす競馬を得意とするからでした。

代表産駒のもう一頭であるキセキは、ルーラーシップ産駒にしては胴部に長さがあって、非常にバランスの良い馬体を誇ります。手肢にも十分な長さがあります。1歳時の写真を見たことがないのですが、おそらく当初からスラリとした伸びのある馬体だったはずです。

キセキは、ルーラーシップ産駒の走る馬体の中央値からはやや外れて、どちらかというと母の父ディープインパクトのバランス感が強く出たタイプではないでしょうか。僕は個人的にはディープインパクトはステイヤーだと思っているので、ルーラーシップ×母父ディープインパクトの配合か

キセキ（17年菊花賞登録時
週刊 Gallop 提供）

らはスタミナのある馬が出て何ら不思議はありません。いかにも可動域が大きく、馬体を大きく使って走る馬だけに、瞬発力勝負というよりは上がりの掛かる競馬を得意としました。そのあたりは典型的なルーラーシップ産駒です。

それでも、２０１６年産の世代あたりから、ルーラーシップの重厚さを保ちながらも、脚元の軽さを備えている産駒が多く見られるようになってきた気がします。それは配合的に狙ってのものなのか、軽さのある繁殖牝馬が選ばれてのものなのか、繁殖牝馬の質が上がってきたからなのか、それら全てが絡み合ってのものなのか分かりませんが、パッと見たときから軽さがあり、さらに歩かせてみるとより軽さを感じさせる産駒が増えてきています。これまでの産

ダンビュライトの募集時掲載写真

駒は上がりの掛かるレースでしか走りませんでしたが、読売マイラーズカップを勝ったソウルラッシュや朝日杯フューチュリティステークスを制したドルチェモアのように、これからはラスト3ハロンの瞬発力勝負にも対応できる馬が少しずつ増えてくると思います。

気性のポイント

続いて、ダンビュライトの馬体を見てみましょう。この馬は僕がこれまで見てきた中で、最も見栄えのするルーラーシップ産駒です。この馬の馬体の素晴らしいところは、ルーラーシップ産駒にしては胴部に伸びがあり、前駆だけではなく後躯にも実が入っていることです。しかも、手肢には十分な長さと軽さがあります。

ルーラーシップ産駒の特徴を打ち消すほどに、前後のバランスも良く、上体と脚元のギャップが少ない、初期の産駒にしては出色の出来です。これだけのバランスの良さをルーラーシップ産駒に求めるのは酷なので、ダンビュライトは理想形ではありながら、あまり参考にならないと考えるのが正しいのではないでしょうか。

それよりもダンビュライトが僕たちに示してくれたのは、ルーラーシップ産駒特有の気性の問題です。ダンビュライトが2018年の天皇賞・秋で戸崎圭太騎手を振り落として放馬したり、また2019年のジャパンカップでも松若風馬騎手を背にしながら暴走し、あやうく事故につながりそうになったことは記憶に新しいですね。ダンビュライトの（当歳時や現役時の）立ち写真を見る限り、その顔つきからはとても競馬場に行って大暴れして制御不能になってしまう馬には思えないのです。気性が激しかったり、悪かったりするからそうなるのではなく、おそらく馬自身が賢すぎて、これから自分の身に何が起こるのか知っているからこそ、苦しさから逃げようとして人間に抵抗するのだと思います。

ルーラーシップの気性については、現在キャロットクラブのクラブ法人代表を務める秋田博章さんが以前、このように語っていました。

「ルーラーシップは母エアグルーヴの血を引いているからか、気性の激しい面を受け継いでいました。エアグルーヴは頭が良すぎて、気に食わないことなどがあって切れたら大変でしたよ（笑）。ルーラーシップも、現役最後の頃はゲートに突進したりして、上手くスタートが切れずに結果を出せませんでした。古馬になってからさらに強くなる血統だけに、ゲートの出の悪さはもったいなかったなあ。」

（一口馬主DB「秋田博章氏インタビュー」より）

秋田さんのおっしゃるように、ルーラーシップは肉体的に完成されたちょうど全盛期に、レースを嫌がり始め、ゲートからちゃんと出なくなりました。レースは苦しいものだと知って、覚えているからこそ、競馬場に行くと暴れて逃げようとするのです。競走馬として、頭の良さはプラスに働くこともあれば、マイナスに働くこともあるということですね。

産駒にも頭の良さは伝わっていますので、気に食わないことや嫌なこと、苦しいことなどがあると、それをずっと忘れずに覚えていて、悪さをしたり凶暴になってしまうこともありえます。そのあたりをきちんとケアすることができれば、ルーラーシップ産駒の頭の良さは良い方向に出るはず

リリーノーブルの募集時掲載写真

です。

その他の活躍馬

続いてリリーノーブルの募集時の馬体を見てみましょう。この馬こそが走るルーラーシップ産駒の典型的な馬体ではないでしょうか。パッと見たとき、明らかに胴部が詰まっているように映るのは、腹袋の大きさがあるからですが、前駆の力強さが際立っているからでもあります。

牝馬離れした力強さを誇りつつも、「四肢のボリュームが物足りなく映るかもしれません」とクラブの紹介コメントにもあるように、脚元の軽さがアンバランスな感じを与えるのです

パッシングスルーの募集時掲載写真

が、ルーラーシップ産駒はそれでいいのです。リリーノーブルは上がりの速い競馬にも対応しましたし、オークスではあのアーモンドアイに迫ったように、明らかに距離が延びて良さが出るタイプでした。それだけに故障による引退は実に残念でした。

パッシングスルーも見てみましょう。この馬はサンデーサイレンスの血を持っていないにもかかわらず、脚元には十分な軽さがありますね。上体は力強く、胴部が詰まって映るほど腹袋も大きいという、典型的な走るルーラーシップ産駒の馬体です。紫苑ステークスで、上がり3ハロン33秒8の脚を使って勝利したのも納得の馬体です。やや兎頭ですので気性の激しい面があったのかもしれません。

ディアンドル

ディアンドルの募集時掲載写真

中長距離で活躍するルーラーシップ産駒の典型的な馬体としては、ここまでの馬たちで十分参考になるはずですが、タイプの違う馬として、最後にディアンドルも紹介します。首から前駆、そして胴部にかけての力強さは走るルーラーシップ産駒の特徴を備えていますが、肢がやや短いです。だからこそ、ピッチ走法になってしまうため、潜在的なスタミナは有していながらも、距離は短い方が走りやすいのです。

まとめ

ルーラーシップ産駒からは、この先もまだ続々と大物が誕生する予感がありますので、つい熱くなって長く語ってしまいましたが、このあたりでまとめておきましょう。ルーラーシップ産駒の長所は、「スタミナの豊富さ」と「賢さ」です。

これらを生かす配合や馬体の馬を狙って出資していきたいところですが、ともすれば重厚すぎたり、スピードに欠けたり、気性が悪かったりする馬になってしまう可能性もあります。そこで馬体の見かたとしては、「胴部（特に胸から肩にかけて）はボリュームたっぷり、腹袋も大きく一見胴部が詰まっているように映り、ガッチリと筋肉質に出つつも、脚元は軽くて長さがある」ということに注目してもらいたいです。

今後はそのような馬体の産駒が多く出てくるはずですし、総合力の高まったルーラーシップ産駒は、分かりやすく言うと、かつてステイゴールド産駒が得意としていた領域（長い距離、力の要る馬場、上がりの掛かるタフなレース）を代わって穴埋めする存在になるのではないかと思います。もちろん、海外の競馬場やレースで結果を残せるような馬も現れてくるはずです。

種牡馬別 ドゥラメンテ産駒の見かた

種牡馬別の馬体の見かたとして、ドゥラメンテ編をお届けします。

非常に残念なことに、ドゥラメンテ自身は2021年に急性大腸炎で亡くなっており、残された世代はあとわずか（2022年産がラストクロップ）になりますが、せめて最終世代の走るドゥラメンテ産駒に出資したいと思うのは僕だけでしょうか。打算的かもしれませんが、もし牡馬の活躍馬が出れば種牡馬入りもしやすいはずです。

2022年はドゥラメンテに始まり、ドゥラメンテに終わった年とも言えます。春の牝馬クラシック1冠目の桜花賞を制したのはスターズオンアース（のちにオークスも制覇して2冠）であり、暮れの最後のG1レース・ホープフルステークスを勝利したのもドゥラエレーデでした。古馬になったタイトルホルダーによる天皇賞・春と宝塚記念制覇、そして新星・リバティアイランドの阪神ジュベナイルフィリーズの勝利を合わせると、ドゥラメンテ産駒は2022年にJRAのG1レースを

ドゥラメンテ（16年宝塚記念登録時　週刊Gallop提供）

計6勝したことになります。

この数字は種牡馬別のトップであり、2位のディープインパクト（2勝）とキタサンブラック（2勝）、キングカメハメハ（2勝）を大きく引き離しました。ディープインパクトとキングカメハメハ亡きあと、種牡馬の戦国時代と言われる中、一気に抜け出したのはドゥラメンテ。しかしドゥラメンテの仔はもう生まれてこない、という悲しい現実を僕たちはどう受け止めたらよいのでしょうか。僕はまだ心の整理がついていません。

ドゥラメンテの馬体の特徴

産駒たちを見る前に、ドゥラメンテ自身の馬体の特徴を整理してみたいと思います。真っ先に挙げられるのは、母アドマイヤグルーヴ譲りのロングボディーでしょう。胴部が標準的な長さよりも拳ひとつ分くらい長いということです。

ドゥラメンテのロングボディーの由来については、社台スタリオンステーションの徳武さんが分かりやすく説明してくださっています。ルーラーシップ編のところでも紹介しましたが、読者の皆さまに戻って読んでいただくのも申し訳ないので、再度引用させていただきます。

徳武英介氏　…肉体的な特徴としては、アドマイヤグルーヴがロングボディー（伸びのある馬体）でしたので、ドゥラメンテにはそれが濃く出ています。ノーザンテーストが出たダイナカールからエアグルーヴまでは比較的胴が詰まって整ったボディでしたが、アドマイヤグルーヴのところで伸びたのですよね。似たような血統構成ですが、ルーラーシップとドゥラメンテの馬体の違いはそこにあります。ドゥラメンテやその産駒の馬体には伸びがあり、馬体を大きく使ってゆったりと走るので、ルーラーシップよりも距離適性は中長距離に出るはずです。

（一口馬主DB「新種牡馬 ドゥラメンテ産駒の傾向と対策」より）

ドゥラメンテ 社台SSにて（7歳）

徳武さんのおっしゃるように、ドゥラメンテの祖母エアグルーヴは胴部が詰まって映るような、腹構えの立派な名牝でした。あの腹構えこそがエアグルーヴの牝馬離れしたパワーや体力の源泉であったと思います。その立派な腹構えはルーラーシップに見事に伝わっており、ルーラーシップ産駒にパワー型が多いのは馬体的特徴ゆえですね。それに対して、ドゥラメンテは母アドマイヤグルーヴを間にはさんだことで胴部に伸びが出たため、馬体の構造上はルーラーシップよりも中長距離に適性があるということです。

ドゥラメンテは馬体全体に長さがあっただけではなく、その身体を大きく使って走るための柔らかさがありました。関節の可動域が広いため、馬体以上に大きく走ることができ、大型馬にありがちな動きの鈍さがないということです。

このような走り方をするタイプは、馬場が良ければ良いほど力を発揮しやすくなります。ヨーロッパの競馬場のような凸凹した馬場ですと、脚を取られてバランスを崩してしまいがちですが、日本の競馬場のような平らに舗装された走りやすい馬場であれば、そのフットワークの大きさを存分に活かすことができるからです。まさに近代日本競馬が凝縮された血統であり馬体であると言って良いでしょう。

ドゥラメンテ産駒の活躍クラブ馬の馬体

それでは、ドゥラメンテ産駒の中から、活躍したクラブ馬の馬体の成長を見ていきましょう。最初に取り上げるのは、同世代では抜けた力を見せつけてくれた2冠牝馬・スターズオンアースです。

前躯にはある程度の筋肉がついていますが、トモの実の入りはやや乏しく、首差しも細く、全体的にも決して見栄えのするタイプではありません。顔つきにもピリッとしたところがなく、ドゥラメンテ産駒らしくないと感じてしまいますね。ただ、胴部にある程度の長さがあることは伝わって

スターズオンアースの募集時掲載写真

きます。

それが2年後のオークス時点ではP２１３のような馬体に成長します。パーツ別に見ても、き甲が抜けて胸が深くなり、前躯の力強さは増し、後躯は幾層にも分かれるほど筋肉が発達し、ヨロ（股）の部分にまでみっちりと筋肉がついています。

僕の知り合いの社台ファーム関係者にスターズオンアースについて聞いてみても、「当時はそれほど目立った馬ではなかったし、今、立ち写真や動画を改めて見直してみてもピンとこないんだよね」とおっしゃいます。募集時点では、ここまでの馬になると予測できた人はほとんどいなかった、というのが本音だと思います。だ

スターズオンアース

スターズオンアース（22年オークス登録時　週刊Gallop提供）

からこそ、スタセリタ（G1・6勝）を祖母に持つという血統背景にしてはお手頃な募集価格だったのかもしれません。

また、気性についても、父が気性の激しいドゥラメンテであるスターズオンアースは大丈夫なのだろうかと少し心配していました。母父のSmart Strikeもあまり気が良くない産駒を出す種牡馬だと聞いていたのもあります。ところが、スターズオンアースはデビュー戦から1度たりとも気の悪さを見せたりして凡走することなく、コンスタントに力を発揮し続けています。桜花賞では狭い馬群を割るようにして突き抜けましたし、オークスでは大外枠からの発走にもかかわらず、折り合いを欠くことなくスムーズに外を回って他馬をねじ伏せたのです。

リバティアイランドの
募集時掲載写真

何が言いたいのかというと、当初、ドゥラメンテ産駒は父譲りの気性の激しさがあり、扱いが難しいとされていましたが、それほど気にする必要はないのではないかということです。もちろん、そういう面を見せてカイ葉食いが細くなってしまったりするドゥラメンテ産駒の牝馬はいますが、全体としては問題なさそうです。むしろ気性の激しさが、レースに行っての前進気勢や闘争心に変わっているのではないでしょうか。

次に、圧倒的な強さで昨年の阪神ジュベナイルフィリーズを制し、2歳牝馬チャンピオンとなったリバティアイランドを見てみましょう。募集時の馬体を見ていただくと、前躯にも後躯にも実が入って、いかにもスピードがありそう

リバティアイランド（阪神ＪＦ登録時　週刊 Gallop 提供）

な馬体をしています。

スターズオンアースの同時期と比べると、完成度が高いですね。1歳5月時点の立ち写真なので「見栄えがする」というほどではありませんが、さすがお母さんはオーストラリアのチャンピオン牝馬だなと思わせられます。

そうして高をくくっていると、阪神ジュベナイルフィリーズ時の馬体を見て、開いた口がふさがらなくなります。そこには別馬のように映る、鍛え上げられた筋肉美を誇るリバティアイランドが立っているのです。特にヨロ（内股）の部分の筋肉の付き方には驚かされます。どのように鍛えたら、2歳牝馬がこのようなヨロに成長するのでしょうか。このヨロの盛り上がり

アリーヴォの募集時掲載写真

こそが、デビュー戦でラスト3ハロン31秒4という驚異的な末脚を繰り出した、リバティアイランドの瞬発力の源泉だと思います。

リバティアイランドは比較的早い時期から馬体が完成されていましたし、P215の写真はまだ2歳時のものですからこの先は分かりませんが、走るドゥラメンテに共通しているのは、手肢がそれなりに長く、胴部に伸びがあるということでしょうか。それは馬体全体のフレームが大きいということでもあります。フレームさえ大きければ、そこに実が入ってきたとき、完成形としては素晴らしいものになるのです。

続いて、小倉大賞典を制し、大阪杯でも3着と健闘したアリーヴォです。こちらも募集時の

アリーヴォ（22年大阪杯登録時　週刊Gallop提供）

馬体を見ると、良く言えばスッキリとしている、歯に衣着せずに言うと、牡馬にしてはやや物足りない馬体です。

胴部には伸びがあって、前後の筋肉量のバランスも悪くはありませんが、軽さが伝わってくるだけで重厚感がありません。1歳7月の時点で馬体重が402kgでしたから、数字だけを見ても、まだまだ全体的な筋肉量が足りないということなのでしょう。

ところが、1年3か月後のデビュー時には、すでに480kgと馬体がボリュームアップして、大阪杯で3着したときの馬体重はなんと500kgでした。僕はG1レースを予想するにあたって立ち写真を参考にすることが多いのですが、大阪杯のときのアリーヴォはとても良く見えたのを覚えています。前躯の盛り上がりと力強さには目を奪われますし、それに負けないほどのトモの発達と容量の大きさがあります。胴部にも十分な伸びがあります。

何と言っても、毛艶の良さと皮膚の薄さ（柔らかさ）が伝わってきて、まるで絵画に描かれたサラブレッドのような美しい立ち姿です。人気薄で激走したからそう言っているのではなく、誰が見ても素晴らしい立ち姿です。

改めて募集時の馬体と見比べてみると、その成長が手に取るように分かります。わずか1年の間に馬体重が80kg近く増えただけではなく、レースを使うごとに馬体が成長して、3年後にはこんなにも立派なサラブレッドになるのです。

ドゥラメンテ産駒に出資する上でのヒント

募集時と現役時代の馬体を見てもらったのは、ドゥラメンテ産駒はまさに線で馬体を見るべきであるからです。

トニービンの血を引くダイナカール～エアグルーヴ牝系は晩成型であり、なおかつキングカメハメハも古馬になって成長曲線がグッと上向きになるタイプの種牡馬ですから、血統的にドゥラメンテの産駒に成長力がないわけがありません。配合相手の繁殖牝馬によっては早熟性が高まることもあるでしょうが、2歳というよりも3歳、3歳時よりも古馬になってから良くなるのがドゥラメンテ産駒の本質だと思います。

ひとつの結論としては、馬体的な観点で言うと、ドゥラメンテ産駒に限っては「募集の時点ではあまり良く見えない、成長の余地を残している馬」を狙ってみてもよいということです。今目の前にあるものではなく、1～2年後の姿を想像して、成長力に賭けてみる。そのような割り切りというか、逆張りができる人こそが、走るドゥラメンテ産駒を手に入れることができるのではないでしょうか。

募集時点で良く見えるドゥラメンテ産駒は、つくられ過ぎていると考えることもできます。少しでも良く見せるために食わせ込んだり、人為的に運動をさせてその時点では不要な筋肉をつけてしまうと、その馬本来の成長曲線を歪めてしまうことにつながります。友達と外遊びがしたくて仕方ない時期の子どものスケジュールを無理矢理習い事で埋めるようなものであり（笑）、長い目で見ると成長を阻害してしまいかねません。ドゥラメンテ産駒は、できるだけ自然なままの姿で、募集時には見栄えしないぐらいがちょうど良いのかもしれません。

ただ、そうはいっても何らかの指標がないと出資しにくいと思いますので、ひとつだけ挙げておくと、それは馬体全体のフレーム（器）です。いくらドゥラメンテ産駒が未来に成長すると言っても、器が大きくなければ中身は入りません。馬体全体に伸びがあって、特に胴部に長さがある馬を狙ってみたいですね。

クラブ馬以外の活躍馬

最後に、一口クラブ馬ではありませんが、ドゥラメンテの代表産駒であるタイトルホルダーは骨量が大きく出たタイプです。タイトルホルダーの母メーヴェは典型的な欧州血統であり、ヨーロッパらしい比較的小柄な馬体を有していた馬でした（４５０ｋｇ台）。半姉のメロディーレーンは、小さく出やすいオルフェーヴルが配合されたこともあってか、３４０～３５０ｋｇ台の小さな馬体で頑張っています。

タイトルホルダーは典型的なドゥラメンテ産駒という馬体ではありませんが、姉や母よりも馬格

タイトルホルダー（22年天皇賞春登録時　週刊Gallop提供）

が大きく出たのは、父ドゥラメンテの美点を受け継いでいると言えそうです。それ以外にも、あえて挙げるとすれば、胴部の長さはドゥラメンテ譲りでしょうか。

この立ち写真は2022年の天皇賞・春時のものであり、余計な筋肉が削ぎ落され、タイトルホルダーにとってこれ以上ない究極の仕上がりだったと僕は考えています。これぐらい研ぎ澄まされた馬体でないと、長距離G1レースを圧勝することはできないということでしょう。

次走の宝塚記念も勝利しましたが、やや腹回りに余裕が残っていましたし、有馬記念時も同様にポッコリお腹でした。体型的なものもありますし、競走馬は常に究極の仕上がりで出走するわけではないからこそ、タイトルホルダーの天皇賞・春時の馬体は理想的なステイヤーの馬体として目に焼き付けておいて良いでしょう。

そもそもとして、ドゥラメンテ産駒は大きく生まれてくる馬が多いという現場の声を聞いたことがあります。競走馬としては500kg前後の馬体を誇るようになるサラブレッドも、生まれ落ちたときには50~55kg前後の馬体重しかありません。しかし、ドゥラメンテの仔は60kg前後の大きめのサイズに生まれることが多いそうです。これは骨量が多くて、将来的にはかなり馬体が大きくなる可能性が高いということです。

このあたりの感触は、僕たち競馬ファンには知りえないものであり、生まれたばかりの新生子を扱える生産者や獣医師のみに与えられた特権ですね。かつて米国ケンタッキー州にある生産牧場Winchester Farm代表の吉田直哉さんから新生子の評価方法について教えていただき、とても印象に残っている言葉があります。

吉田直哉氏　私は新生子が起立する時に補助をするため彼等を抱き上げますが、新生子の出来は見て判断するものと、抱いて感じるものとに分かれると考えています。良いと思う当歳に共通して言えることは、抱いて体躯の出来を判断する時に、絞られる前の果実や、焼き上げ前の膨らませる工程にあるパンのようなものを想像できるかどうかではないかと思います。

（「ROUNDERS」vol.4「馬を観る」より）

サラブレッドの新生子を抱き上げたことはなくても、絞られる前の果実や焼き上げ前の膨らませる工程にあるパンを抱えた感触を想像することはできるのではないでしょうか。そう、ドゥラメンテの仔たちはそのようなズッシリとした感触を抱かせるということです。募集時に僕たちの目の前に出てくる作り込まれた馬体ではなく、また測尺や馬体重などで測られてしまうものでもない、新生子は生まれ持ったものだけを見せてくれますので、その馬の本質がそこには宿っているのです。新生まれてくるドゥラメンテの仔たちを1頭1頭抱きしめたくなるのは僕だけでしょうか。

まとめ

最後にまとめると、走るドゥラメンテ産駒を募集時点で見極めるのはなかなか難しいということです。なぜならドゥラメンテ産駒は成長力があるため、1年後には大きく馬体が変わってしまうからです。今見ている馬体と未来の馬体は全く違うということです。繰り返しになりますが、今目の前にあるものではなく、1～2年後の姿を想像して、成長力に賭けてみる。そのような割り切りというか逆張りこそが、走るドゥラメンテ産駒を手に入れるためには必要なのではないでしょうか。

それでも、走るドゥラメンテ産駒を探す上でのポイントをあえて挙げるとすれば、馬体全体のフレーム（器）の大きさです。胴部や手肢に長さがあって、馬体全体のフレーム（器）はしっかりとしつつも、筋肉（中身）が付き切っていないような馬体の馬をあえて狙ってみましょう。ドゥラメンテ産駒は、「線で馬体を見る」ことの楽しさを僕たちに教えてくれるはずです。

種牡馬別 海外種牡馬（アメリカンファラオ、フランケル、キングマン）産駒の見かた

種牡馬別の馬体の見かたとして、最後に海外種牡馬編をお届けします。２０２０年はグレナディアガーズが朝日杯フューチュリティステークス、２０２１年はシュネルマイスターがＮＨＫマイル

カップ、そして2022年はカフェファラオがフェブラリーステークスを連覇したように、海外種牡馬の産駒によるG1制覇がチラホラと目につくようになってきました。

今挙げた3頭の父の名をパッと思いつく競馬ファンは多いはずで、国内で走ったサンデーサイレンス系ともキングカメハメハ系ともまた違った、個性的な馬体を産駒に伝えています。一口クラブでも、海外種牡馬を父に持つ馬たちの募集が増えつつあり、この機会に走る馬の馬体の特徴をまとめて紹介したいと思います。

アメリカンファラオとその産駒の馬体の特徴

まずはアメリカンファラオから。アメリカンファラオは現役時代11戦9勝、1978年のアファームド以来37年ぶりに米国の3冠馬に輝きました。これまでも2冠馬までは数多くいましたが、春シーズンの間に3冠を走り切って全て勝つことは極めて難しく、圧倒的な能力と体力がなければ成し遂げられない偉業です。さらにアメリカンファラオは3冠を制した後も走り続け、ラストランとなったブリーダーズカップクラシックでは、キーンランド競馬場のコースレコードを更新し、6馬身半差で圧勝して引退しました。

本馬は独特の大跳びで走る馬だったが、大跳びにも関わらず走り方は極めて軽やかであり、他馬の走り方とは明らかに違っていた。数々の名馬を手掛けてきた名伯楽ボブ・バファート師も『こんなに地面を滑るように走れる馬は見たことがありません』と感じたという。大人しい性格で調教も楽だった本馬だが、その性格が災いしたのか周囲の馬から虐められる事があったようで、2歳から3歳にかけての冬場にフロリダ州で調整されていた際に、他馬に尾を噛み切られてしまい、それで本馬の尾は短くなってしまったという。

（「世界の名馬列伝集」（http://lunameiba.blog.enjoy.jp/）より）

そんなエピソードを知ってから、アメリカンファラオの現役時代の映像を観てみると、たしかに尾が他馬に比べてかなり短い……。尾が短いと走りのバランスを取るのが難しいと言われますが、彼にはあまり関係なかったようですね。アメリカの超一流のダート馬にしては珍しく、大人しい性格であったことも驚きです。

アメリカンファラオの馬体を見てみると、頭が小さく、首差しもスラっと伸び、アメリカ競馬のトップランナーにしてはスマートな印象を受けます。パワーとスピードで押し切るというよりは、効率の良い走りで他のダート馬たちとは一線を画していたということでしょうか。産駒は父のそうした馬体の特徴や長所を受け継いでいますし、父に似た馬が走っていますね。尻尾の短さは受け継がなかったみたいですが（笑）。

日本における代表産駒となったカフェファラオのデビュー戦とヒヤシンスステークスの走りには度肝を抜かれました。先頭に立ってもリラックスして逃げることができ、後ろから行っても力強い末脚を繰り出すことができる。大人しい気性は父譲りであり、さらに大跳びながらも軽やかなフットワークは、まるでダートを滑るように走っていました。

カフェファラオの馬体はアメリカ3冠馬を父に持つダート馬というイメージからはかけ離れ、至ってシンプルなそれです。たしかに馬格はあるのですが、ゴリゴリのマッチョな馬体ではなく、一見すると芝でも走れそうなバランスの良さがあります。陣営が4歳時にカフェファラオを函館記念に出走させた気持ちが良く分かります。初芝や内枠、2000mの距離など、悪条件が重なって9着に敗れてしまいましたが、芝を走らないとは決して思いません。アメリカンファラオ産駒は、芝は走らないのではなく、日本のダートが合うのでしょうね。

カフェファラオの影に隠れていますが、ダノンファラオもジャパンダートダービーや浦和記念などを勝ち、父アメリカンファラオの日本ダート適性を裏付けています。デビュー時既に520kg台とかなりの馬格を有していますが、比較的スッキリとした軽さがあって、パッと見ると大型馬には見えません。道中でやや頭が高いというか上がってしまう点がカフェファラオとは異なりますが、馬体全体のバランスの良さには共通するところがあります。

2022年よりイーストスタッドにて種牡馬入りしたヴァンゴッホも、実にシンプルな馬体を誇っていますね。そもそも同馬はヨーロッパの芝のG1クリテリウムアンテルナシオナルの勝ち馬ですから、時計の掛かる芝やオールウェザーはアメリカンファラオ産駒の守備範囲であることを証明したといえます。同じく種牡馬入りしたフォーウィールドライブは、上記3頭に比べて、筋肉量が豊富で、米国血統の種牡馬の馬体のイメージそのままです。

アメリカンファラオらしさをストレートに受け継いでいるのはヴァンゴッホであり、日本のダートで走る馬はもちろん、芝向きの馬も誕生させるかもしれません。フォーウィールドライブはパワーとスピードを伝え、産駒はダートの短距離馬が多くなるのではないでしょうか。タイプの違うアメリカンファラオの後継種牡馬ですが、共通するのは頭の小ささと賢そうな顔つき。それらは走るアメリカンファラオ産駒を見極めるポイントのひとつになりそうです。

フランケルの圧倒的強さと産駒の馬体的特徴

続いてフランケルに話を移しましょう。11年連続で欧州競馬のリーディングサイアーの座を守ってきたガリレオを抜き、2021年にフランケルがついに頂点に立ちました。フランケルについては、現役時代から圧倒的な強さを示していたこともあり、強烈に印象に残っています。僕がフランケルの強さを最も感じたのは、2011年のセントジェームズパレスステークスでした。着差が僅かであったので、力差がなかったと勘違いしてしまうかもしれませんが、決してそうではありません。2番手集団のペースが遅いとみるや途中から自ら動き、壊滅的なペースを作り、最後まで粘り通してみせたのですから、その速さと強さは本物でした。

逆説的ではありますが、セントジェームズパレスステークスで無茶なレースをしたからこそ、フランケルの強さはより際立ちました。あれだけ早めから自ら脚を使って動き、前を捉えに行って押し切るという、まるでアメリカ競馬のようなレースを、ヨーロッパの深くて重い馬場で成し遂げてしまったのです。フランケルはマイル戦を中心に使われましたが、道中で折り合いさえつけば2000ｍまでなら十分に守備範囲であり、豊富なスタミナを有していたことが分かります。

次走のサセックスステークスでも怪物フランケルは魅せてくれました。セントジェームズパレスステークスから一転してすんなりと先頭に立ち、道中はピタリと折り合い、楽な手応えで最後の直線に向くと、弾けるように伸びました。負かした相手も、クイーンアンステークスであのゴルディコヴァを負かし、マイルG1を5連勝中で臨んできたキャンフォードクリフス。ほとんどの馬たちがこの2頭に恐れをなして回避したため、4頭立てという静かなレースになりましたが、完璧に立ち回って、5馬身の差をつけて勝利したことで、僕の中でフランケルの強さは美しさに昇華しました。

この2つのレースから分かるのは、フランケルという名馬は異次元のスピードとスタミナを有していることはもちろん、一歩でも前に抜きんでようとする前進気勢と豊富な闘争心、かつ落ち着くべきところでは我慢して冷静に走ることのできる賢さを持ち合わせていたことです。サラブレッドに求められる全ての要素を備えているパーフェクトな馬だからこそ、無敗のまま引退できたのでしょうし、種牡馬としても父ガリレオの牙城を崩して頂点に立ったのです。

そのパーフェクトさは、日本の競馬にも影響を与えつつあります。種牡馬としてのフランケルの実力を日本に知らしめたのは、阪神ジュベナイルフィリーズとオークスを優勝したソウルスターリングでした。手肢がスラリと長く、牝馬としては雄大な馬格を誇り、実に美しい馬でした。同世代

ソウルスターリングの
募集時掲載写真

の他の牝馬たちが子どもに見えるほど、ソウルスターリングの完成度は高かったのを記憶しています。

ただ、僕の中では、ソウルスターリングは良くできすぎていて、フランケルの走る産駒の馬体として挙げるのをためらってしまいます。このレベルの馬体を、日本で走る数少ないフランケル産駒に求めてしまうのは可哀そうです。それぐらいにサラブレッドとして理想的であり、目に焼き付けておいて良いほどの好馬体でした。

走るフランケル産駒の特徴ということで僕が挙げたいのは、朝日杯フューチュリティステークスを勝ったグレナディアガーズです。グレナディアガーズは募集時から有り余る骨量と筋肉

グレナディアガーズの
募集時掲載写真

量が前面に出ており、胴部に長さがあるのに対して、手肢がやや短く、重心が低い重厚な馬体でした。グレナディアガーズは典型的な走るフランケル産駒であり、フランケル産駒の中でも最高峰の馬体であり、スピードとパワーで押し切るようなレースを得意とします。グレナディアガーズが朝日杯フューチュリティステークスを1分32秒3のタイムで押し切ったのも、NHKマイルカップで今度は府中のマイル戦に舞台が変わって切れ負けしたのも、フランケル産駒特有の馬体ゆえです。

もう1頭の走るフランケル産駒といえば、安田記念とフェブラリーステークスを制したモズアスコットがいます。この馬も低重心の重厚感のある馬体を誇っていて、芝のレースを中心に走りましたが、ともするとダート馬になっていても不思議ではないパワフルな馬体でした。安田記念はルメール騎手がレースの勝ちパターンに見事にハメ込んだことによる勝利であったのに対し、フェブラリーステークスこそがモズアスコットにとって本領発揮の舞台でした。芝の瞬発力勝負ではやや切れ負けしてしまいますが、荒れた馬場やダートのような力を要する馬場でこそ、フランケル産駒の良さが生きるということです。

種牡馬になったモズアスコットは、初年度から大人気です。種付け料も200万円から250万円、そして2023年度は300万円と2年連続で値上がり中。芝でも走りつつ、ダートで大活躍する産駒が出るのではという期待を背負っています。それほどにモズアスコットの馬体は重厚感にあふれて、実にパワフルなのです。

フランケル産駒の日本競馬における課題としては、気性の激しさが挙げられます。フランケル自身は前進気勢の強さや闘争心として昇華していましたが、産駒には気性の難しさとして伝わっているケースが多く見られます。せっかく豊富なスタミナを備えているにもかかわらず、前に行こうとする気持ちが強すぎて、パワーがあるため抑えも利きづらく、短い距離のレースでしか力を発揮できない、また繊細な面のある牝馬であれば、気性の激しさゆえにレース前に消耗してしまうことにもつながりかねません。一時は走ったけれど、何かのきっかけで精神的なバランスを崩し、走らなくなってしまうフランケル産駒（特に牝馬）もいますね。フランケル産駒への出資を検討する場合は、顔や目つきを見たり、気性に関する情報を確認してから、気性的に問題の少なそうな馬を選ぶ方が良いのではないでしょうか。

キングマンとその産駒の馬体の特徴

最後に、キングマンについて。正直に言うと、僕はキングマンの現役時代をあまり知らず、印象に残っていませんでした。そういう場合は、あとから映像などでレース振りや馬体を把握するようにしていますが、キングマンが走った8戦全てを見返してみて、その強さに驚かされました。フランケルとは少し違ったタイプの強さ。フランケルがスタートしてからスピードとパワーにものを言わせてガンガン行って押し切るタイプなのに対し、キングマンは勝負どころで勢いがついたときの加速力がすさまじいタイプです。乗っている騎手は気持ちが良いだろうなと思えるほど、追い出されてからグイグイと伸びていきます。唯一取りこぼしてしまった英2000ギニーは、直線競馬で内と外に分かれてしまった分、死角を突かれただけで、馬体が併さる形になっていれば負けることはなかったのではないかと思います。

エリザベスタワーの募集時掲載写真

キングマンの現役時代の走りを観て、追い出されると少し首が高くなるフォームがシュネルマイスターに似ていると感じました。順番から言うと、キングマンがシュネルマイスターに似ているのではなく、シュネルマイスターが父キングマンに似ているのですけどね（笑）。エリザベスタワーもそうでしたから、この2頭のキングマン産駒をもって決めつけるわけではありませんが、キングマンの走る産駒は首がやや高い傾向にあります。首を上手に使って走るタイプではなく、四肢の力強さを駆使して走る姿が特徴的です。そういう意味では、馬体のつくりよりも距離に限界があるかもしれません。2000mぐらいが上限になりそうです。

エリザベスタワーは、社台ファームを訪れたとき実馬を目の前で見せてもらえたので、その馬体の素晴らしさは脳裏に焼き付いています。前後躯にしっかりと実が入り、全体的な筋肉量が豊富で、牝馬離れした力強さがあり、バランスも良かったです。僕は当時のメモに、「いかにもヨーロッパ血統の馬らしい、フレームの大きさと雄大な馬体を誇る」と書き残しています。ただ、脚元を悪くしてしまって戦線離脱してしまったところを見ると、あくまでも結果論ですが、馬体が大きすぎたことで脚元に負担が掛かってしまったのかもしれません。

キングマンの日本競馬における最高傑作となりそうなシュネルマイスターは、実にシンプルでコンパクトな馬体ですね。血統から想像するような重々しさは全くなく、むしろ軽さの方が目につきます。余計な部分に筋肉が付いておらず、手肢もスッと長く、前後のバランスも絶妙でした。ところが、古馬になって筋肉量が増えたことで、距離適性が短くなっただけではなく、ガス欠を起こすようになってしまったように、馬体重が増えれば良いというものではないのも競馬の難しいところです。シュネルマイスターの良さは、適度な筋肉量のバランスと軽さであったからです。

フランケル産駒のグレナディアガーズと比べてみると一目瞭然で、大げさに言うと、スポーツカーと小型トラックほどの違いがあります。もちろん、グレナディアガーズが小型トラックで、シュネ

シュネルマイスターの
募集時掲載写真

ルマイスターがスポーツカーです。それは走るフランケル産駒とキングマン産駒のタイプの違いと言っても良いでしょう。

まとめ

最後にまとめると、アメリカンファラオの産駒は、頭が小さく、首差しがスラっと伸び、一見するとダート馬らしくない馬体の馬を狙うべきです。せっかく日本のダートにフィットするアメリカンファラオの産駒に出資するのであれば、父アメリカンファラオに似た馬を選びましょう。フランケルの産駒は骨量と筋肉量が豊富で、胴部に長さがあるのに対して、手肢がやや短く、重心が低い、重厚なトラックのような馬体の馬、そしてキングマンの産駒は無駄な筋

肉が付いておらず、手肢がスッと長く、前後のバランスの良い、軽さのあるスポーツカーのような馬体の馬を狙いたいですね。そうすることで、それぞれの名馬たちの美点を受け継ぎつつ、日本の競馬にフィットする産駒に出資することができるはずです。

海外種牡馬の走る産駒の馬体について語りましたが、今回に限っては、サンプル数が少ない中でのものだけに、あくまでも未来予想だと思ってください。僕にはそう見える、このような馬体の馬が走ると今の僕は考えているということです。この先、走る馬たちの馬体傾向が変わってくれば、それに応じて柔軟に軌道修正していくつもりです。

4章

競馬関係者インタビュー

Part 1

岡田牧雄氏に聞く
馬を見る上で大切にすべきこと

ここからは、日々、サラブレッドと向き合いながら、馬を見ることを仕事としている競馬関係者の方々に、馬体の見かたについてインタビューをしていきたいと思います。第1弾は、前作「馬体は語る」のインタビュー記事として非常に人気の高かった岡田牧雄さんに再びご登場いただきます。もう説明不要かと思いますが、岡田さんは生産牧場である岡田スタッド、そして一口クラブであるノルマンディーオーナーズクラブを手掛けていらっしゃいます。

未勝利馬とオープン馬を分ける紙一重の差

――今回のインタビューに臨むにあたって、前作「馬体は語る」のインタビューを改めて読んでみると、あのときは何となくしか理解していなかったけれど、今は岡田さんのおっしゃって

岡田牧雄《おかだまきお》さん　プロフィール

1952年生。岡田蔚男氏の次男。父から受け継いだ牧場を岡田スタッドと改称し、規模を拡大。代表的な生産馬にマツリダゴッホ、スマートファルコン、タイトルホルダー。馬主としてスノードラゴンなど。ノルマンディーオーナーズクラブも手掛ける。（写真は2016年インタビュー時）

いたことが良く分かる部分が結構ありました。あれから5年経って、僕も少し成長したのかと思い、嬉しかったです（当インタビューは2021年10月に行われました）。

前回の振り返りをしつつ、今回はさらに掘り下げて、種牡馬別の特徴や走る産駒の見かたなどについて具体的に突っ込んで聞いていきたいと考えています。どうぞよろしくお願いします。

岡田牧雄氏（以下、岡田）　こちらこそよろしくお願いします。馬の見かたを伝えるのは難しいですね。私はクラブも手掛けている以上、馬を買わなければならないため、私と同じように馬を見てくれる人間を育てたいと常に思っているのですが、「いい馬がいました」と言われて実際に見てみると全然そうではなかったりします（笑）。自分では分かっていても、それを誰かに言葉で伝えることは本当に難しいです。それぞれの人が持っている捉え方やニュアンスの違いというか、感性の問題があるのではないでしょうか。

それぞれに感性が異なるとはいえ、馬の良し悪しを判断する基準にそれほど大きな違いはないと私は思っています。ただ、その良し悪しの紙一重の差によって、未勝利馬とオープン馬がいることを知ってもらいたいですね。

セリ場に行くと、「あの馬が一番馬だと言われている」とか、多くの人がその馬を注目しているとか、耳から入ってくる情報や雰囲気に流されてしまいがちです。そうした情報を基に馬を買っている人は多いと思いますよ。人間って弱いなと思います。ある情報を脳に入れてしまうと、それを覆せるようなものを自分自身が持っていないと、周りにいる他者に追随してしまうのですね。入ってくる情報に対して、どれが正しくて何が間違っていると冷静に判断できなければいけません。

――おっしゃるとおりだと思います。セリ場だけではなく、今の情報社会にも当てはまる奥の深い話です。目や耳から入ってくるあらゆるノイズのような情報を腑分けしながら、自分の頭で考え、自分の感性を信じて馬を見て、走る馬とそうでない馬の紙一重の差を見極めなけ

ればならないのですね。

岡田　自信を持たないと、絶対に馬は見られないですね。私のところでは、自信をつけてもらおうと思って、「この馬は君が選んだ馬だから覚えておいてね」と走る馬に関してはそう言います。そして走ったら、「やはり走ったね。あれはヒットだぞ」と褒めないと伸びませんし、自信もつきません。私自身はたくさんの失敗をして経験を積みましたが、その過程の中で走る馬を見つけて自信をつけました。

飛節の伸びと背中の連動

――馬を見るためには、自分を信じることが何よりも大切ですね。言うは易く行うは難しですが、僕もまさにそう思います。

ところで、前回のインタビューを読み返して、ひとつ聞きたいことがあります。「飛節が最後まで真っすぐに伸びる馬は走る」と岡田さんはおっしゃっていましたが、これはウォーキングを見るだけでも分かりますか？　それとも実際に、ある程度の速さで走らせてみないと分か

らないものでしょうか？

岡田　歩かせてみれば分かります。背中を支軸にした前後の可動域において、背中を上手に使って後躯のエネルギーを前躯にきちんと移すことができ、なおかつ後肢の飛節が最後まで真っすぐになるように見える馬が走る馬です。

後肢の飛節位置

走る馬を見ることがいちばん勉強になりますよ。平成30年間の名馬たちのパドック映像を見て、馬体面から見た変化を分析するというグリーンチャンネルの企画にて、100頭以上の名馬のパドックを見ました。その中で、同じ馬ではないかと思わせられる3頭の馬がいました。ディープインパクトとサイレンススズカ、そしてアーモンドアイです。毛色こそ違え、同じ馬が3頭いたという感覚を抱きました。

――その3頭の歩きを見て、しっかりと目に焼き付けておこうと思います。飛節が真っすぐ伸びるかどうかは背中の使い方とも関連しているので、やはり背中を中心として全体を見ることが大事ということですね。

岡田　そのとおりです。後肢の飛節が伸びるということは、背中を中心点として、その分、肩の出も良くて前肢も伸びるし、首も上手に使える動きになるはずです。ただし、背中を使えていないのに飛節だけ伸びている馬は、肩が出ずにつんのめった歩きになっていたりします。背中を上手に使い、後ろからのエネルギーを前に推進させられていることが前提条件ですね。

時代は違いますが、トウショウボーイは飛節がバネのように伸びる馬でした。飛節が緩くて、トモが弱く見えるので、腰フラではないかと言われたぐらいでした。背中の伸びやかさや手肢の長さ、首の抜け、腰角から飛節までの距離など、理想的な体型でしたね。ただし、あの時代はどうしても筋肉量が必要な時代でしたから、先ほど述べたディープインパクトとサイレンススズカ、アーモンドアイの3頭とは馬体は違いますね。あの頃とは馬場も違うし、サラブレッドの進化に伴い、今は無駄な筋肉は要らないという時代に入ってきたのです。

馬の動きは横から見るか後ろから見るか

――背中の使い方や飛節の伸び、関節の柔らかさ、全体の動きの滑らかさなどを見るためには、前回のインタビューでもおっしゃっていたように、馬の動きを横から見るべきですね？

岡田　そうです。うちの兄貴（故岡田繁幸氏）と「走る馬をどう見極めるのか？」という話をすると、最終的には2人とも「馬の動きを横から見る」という結論になりました。最初の頃は、「あいつら、脚曲がりばかり買っている」と揶揄されたりもしましたが、脚が曲がっていてもいなくても、どうでもよい話なのですよ。走る能力と強靭な身体がなければ走らないのです。

私も後ろから見ることはありますが、それはトモの幅や容量を見て、将来的に鍛錬していくことで内ヨロが張ってくるかどうかを想像しています。オープンに行くような馬は、後ろから見たときに内ヨロが張っているものです。内ヨロが張らない馬はオープンまで行けません。

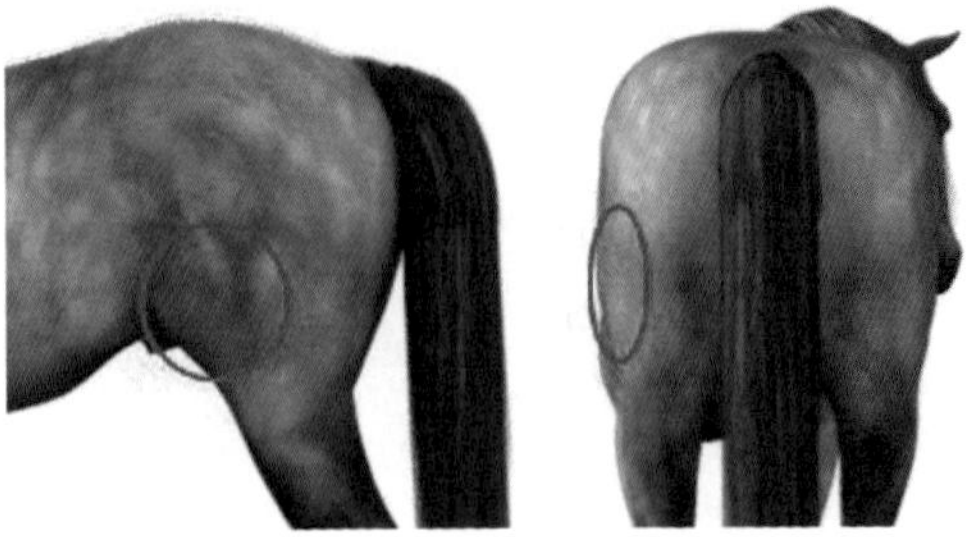

内ヨロの位置イメージ

――今、見えるものであれば分かりますが、未来のことを想像するのはなかなか難しいですね。その予測の中には、その馬の血統や母馬や兄弟の馬体といった要素も材料として入っているのでしょうか?

岡田　私たちのように安く馬を買って走らせるためには、未来の姿を想像できなければいけません。「この筋肉は将来的に邪魔になるぞ」とか、「この馬は今こうだから、将来的にはこう良くなるぞ」という具体的な形でスタッフには話します。馬体だけを見て未来図を描くのは難しいので、この系統はこのような成長過程をたどるというように、血統背景や過去の経験を踏まえて予測していますね。

そのためには、その世代で何頭の馬をきちんと見て判断したかが大事になってきます。スタッフにはセリ名簿に自分の評価を書き込むように伝えていますよ。見返すこともできますし、あとで嘘を言わないようにね（笑）。その馬たちがデビューしてから引退するまで追跡調査してみるべきです。

デアリングタクトとその父エピファネイアについて

――前回のインタビューのあと、ノルマンディーオーナーズクラブからはデアリングタクトという大物が出ました。残念ながら僕は出資することができず悔しい思いをしましたが、今立ち写真を見返してみると、募集当時からフレームが大きく、雄大な馬格を誇っていたように映ります。※種牡馬別馬体の見かた(エピファネイア編)P１３２に掲載

岡田　セレクトセール（２０１８年）で１２００万円（税抜）の安値で購入できたのは、肩や繋ぎが立っていたことに加えて、細く映ったからだと思います。１歳のセリの時点では、将来的にあのような馬に変わるというイメージが誰も湧かなかったということです。それ以外にも、難癖をつけようと思えばつけられる部分が多かったのもたしかです。

それよりも、前に前にとスッスと歩く姿が良いと私は思いました。単に歩くスピードが速いということだけではなく、自然な形で歩きつつ、歩くのが速いということです。人間でも、歩くのが遅いアスリートなんていませんよね。

デアリングタクトはとにかく運動神経が良くて、絶対能力が高い馬でした。1歳時はあれだけ細かったのに、えりも※の厳しい環境に連れて行かれても平気な顔をしていましたから。
※岡田スタッドグループが主に1歳馬の夜間放牧を行う育成場「えりも分場」

――デアリングタクトの父エピファネイアは2018年時点では未知の種牡馬でしたが、今やトップサイアーの座を狙おうという勢いです。エピファネイアに対する岡田さんの見解を教えてもらえませんか?

岡田 Kris S.という種牡馬をアメリカで見たときに、あまり良い印象を抱きませんでした。そのため、Kris S.の産駒のシンボリクリスエスが種牡馬入りしたときも、無骨でパワー型ゆえに種牡馬として成功できるか、私は半信半疑でした。現役の競走馬としての活躍と種牡馬としての能力は違う面がありますからね。エピファネイアは骨格がしっかりとして、大型に出る良いところはシンボリクリスエスから受け継いでいますが、母シーザリオというとんでもない名牝の血が流れていて、実は彼女がエピファネイアをつくったのではないかと私は思っています。

種牡馬モーリスについて

――エピファネイア以外の種牡馬についても教えてください。とはいえ、あまり語り尽くされているような種牡馬は面白くないため、マイナーな種牡馬も交えていきたいと思います。まずはピクシーナイトが2021年にスプリンターズSを勝利したモーリスから。種牡馬としての初GI勝利がスプリント戦になりましたが、モーリスの種牡馬としての印象や走る産駒の特徴について教えてください。

岡田　種牡馬として成功するかどうかを考えるとき、極端な言い方としては、時代を変えるような種牡馬というのは突然変異で生まれてきているということです。たとえば、ノーザンダンサーにしてもサンデーサイレンスにしても、その系統からは何も走っていないところから突然に現れるわけです。そういう意味において、モーリスはメジロ牧場の血統ではありますが、それほど2代3代とオープン馬が連なる血統ではなく、突然変異的に誕生した馬だと思っています。キタサンブラックも同じように考えられますね。

ところが、種牡馬となり産駒が走るようになって、モーリスの弱点も見えてきたところです。皮膚が薄くて、筋線維が細かく見えますが、実際はかなり筋力が弱いのです。無駄な筋肉がいつまでもそのままで水っぽい。古馬になって、水っぽさが取れるまでに時間がかかる馬が多すぎますね。絶対的な筋肉量が多くてスピードもありますから、2歳戦から勝ち上がることはできても、使っていくにつれて脚元に不安が出たり、体力が落ちて疲れやすくなったりします。まあモーリス産駒は繁殖牝馬の質が高いので、走る馬は走りますけどね。

モーリスの産駒は飼い葉食いが旺盛ゆえに太る体質であり、お腹がデップリとする馬が多いため、仕上げるのに時間が掛かります。生まれながらにスマートに映るぐらいの馬が良いのではないでしょうか。ただし、馬体に幅がなかったり、ヨロが薄かったりする馬は走りませんので、トモにきっちりと筋肉が付いていることが前提となります。そして、昼夜放牧をしっかりとして運動量を増やしつつ、丈夫にしてあげることも大切です。

オルフェーヴル&ゴールドシップ

――続いて、オルフェーヴルはどうでしょうか？　種牡馬としての勝負どころに差し掛かっ

てきている気がします。

岡田　馬体の小さいオルフェーヴル産駒は、一度レースを使うと回復に手間取り、体をつくり直さなければならない馬が多いのですよ。オルフェーヴルの父ステイゴールドの仔は無駄な筋肉がなく、水っぽさもすぐに抜け、強靭な筋力を誇っていました。脚元も丈夫でしたしね。それに比べると、オルフェーヴルの産駒は小さい馬が多すぎますし、筋肉の強靭さも父ステイゴールドほどではありません。単純かもしれませんが、オルフェーヴル産駒を選ぶとしたら、馬体の大きい馬ですね。

――オルフェーヴル産駒は馬体が小さいことがネックになりそうだということですね。ちなみに、同じサンデーサイレンス系でありステイゴールドの直系であるゴールドシップはいかがですか？

岡田　ゴールドシップは父ステイゴールドにない馬格の大きさを持っています。それでも、産駒は450kgそこそこの牝馬しか走っていません。シンジケートにも深く関わっているので認めたくはないのですが、ゴールドシップ産駒は牡馬があまり走らないのですよ。立派な馬格の馬が出ても、動きが鈍いのです。ゴールドシップ本馬は競走馬として優秀でしたが、持ち前の筋肉量の多さやパワーが次世代になかなか伝わりにくい。牝馬だとコンパクトになる分、重苦しさが抜けて、ゴールドシップの強靭さが伝わりやすくなるようです。ゴールドシップ産駒の場合は、オルフェーヴル産駒と逆で、小さめの馬体に出た馬を選んだほうがいいですね。

ルーラーシップ&サトノクラウン&イスラボニータ

――次は、すでに実績が出ているベテラン種牡馬ではありますが、ルーラーシップについて教えてください。

岡田　キングマンボ系は関節の硬い馬が多いため、緩いサンデーサイレンス系との相性が良いですね。ルーラーシップ産駒は関節に緩さがあって、脚元に不安のある産駒が少ないのは安心材料です。産駒の馬体が大きく出るのはかなりのアドバンテージですね。いつか一発当てたいなと思って、私は意識的にルーラーシップ産駒を買っていますよ。

――新種牡馬であるサトノクラウンはどうでしょうか？　僕の知り合いの生産者たちは、サトノクラウン産駒が思っていた以上に小さく出てしまい、売りにくいので困っていると言っています。

岡田　小さいというよりは、手肢や首、胴部が短くて、ずんぐりむっくりの馬体です。サトノクラウンを配合する意図としては、２４００ｍぐらいの距離で活躍する馬をつくりたいということなのですが、生まれてくる子どもたちの脚が短くて驚かされました。手肢や首がスッと長くて、背中がゆったりとした、長距離馬が出るのではないかと期待していたからです。Marju の血が濃く出ているようなので、距離がもたない産駒が多いのではないでしょうか。

――産駒が今年デビューし始めているイスラボニータはどうでしょうか？

岡田　サトノクラウンと似たところがあって、パーツが短い産駒が多いのが特徴ですが、筋力には強靭さがありますね。パドックで見ると、走る馬とそうではない馬の違いが分かります。イスラボニータの父フジキセキも母方のコジーンも両方とも筋肉が硬くならない血統なので、種牡馬としてイスラボニータにはかなり期待していました。

ところが、ずんぐりむっくりのタイプが生まれてしまうことが多く、少しショックを受けていますが（笑）、良い馬もたしかにいるのです。筋肉が硬くならない分、走る馬は長く走ることができるはずです。ですから、イスラボニータ産駒を選ぶときは、手肢が長くて、馬体全体に伸びがある馬を狙うべきですね。期待しているだけにいろいろと言いましたが、種牡馬としてはいずれ成功すると思いますよ。

ブラックタイド＆キタサンブラック＆ディーマジェスティ

――続いて、ブラックタイドについて教えてください。ディープインパクト亡き今、同血を持つ種牡馬としてどのように評価すべきでしょうか？

岡田　ディープインパクトと比較するのは可哀そうですが、ディープインパクトよりも大柄な産駒が出ることは良い点です。筋線維も細かくて、ビロードのような皮膚ですが、若干虚弱体質である産駒が多いことも確かです。そのあたりがクリアできて、筋力の強い馬であることを前提に、ブラックタイドの産駒は大きめに出た馬を狙うべきです。

大きめに出たブラックタイド産駒といえばキタサンブラックですが、私は種牡馬としてのキタサンブラックに期待しています。キタサンブラック産駒が2歳戦からこんなに走ってくるとは、誰も思わなかったのではないでしょうか。種付け頭数が100頭を切ったりして、評価が低かった時期もありましたが、これからさらに産駒は活躍すると思っています。キタサンブラックのような突然変異的な馬こそが、血統図を塗り替えたりするものですから。キタサンブラック産駒は、馬格があり、関節が緩くて、動かしてみて当たらない（滑らかな）動きをする馬を選ぶべきですね。

——ディープインパクトの後継者であるディーマジェスティは、産駒が誕生してから評価がうなぎ登りですね。母の父がブライアンズタイムですから、そのパワフルさが前面に出ているのかなと思ったりします。

岡田　それぐらいの方が良いのではないでしょうか。ディープインパクトの直系の種牡馬で牝系も軽いタイプだと、産駒は軽々《かるがる》になってしまって重厚感がなく走りません。ディーマジェスティの産駒は、重厚感がありつつ、筋肉の質が良い馬を狙うべきです。まあ、ブライアンズタイムも十分に優秀な種牡馬ですからね。当初はディーマジェスティをあまり高く評価していませんでしたが、セリなどで馬を見ていく中で、良い馬だなと思って血統を見ると父ディーマジェスティだったことが多々ありましたので、今は評価を改めました。

マインドユアビスケッツ&ラブリーデイ

――マインドユアビスケッツはいかがでしょうか？ダート馬なのか、それとも芝でも走るのか、短距離馬なのか、意外に中距離も走るのか、関係者の評価は分かれていますね。

岡田　私はこの馬を高く評価していますよ。ダート馬であることは確かですが、私には短距離馬には思えません。手肢がスラリと長いですしね。2連覇したドバイゴールデンシャヒーン（ダート1200m）のレースを観ても、最後の直線でカメラに映らないほど大外から飛んできました。生まれてきている産駒たちも手肢が長く、日本の競馬であればダートの1800mあたりが主戦場ではないかと思っています。これだけ手肢が長くて、1200mしかもたないなんて馬いませんからね。ただし、筋肉量が多すぎる面はあるので、芝のスピード競馬ではなくダートが主戦場ではないでしょうか。

――なるほど、体型と筋肉量を考えるとダートの1800mあたりが適鞍という結論になるのですね。同じレースで何度も一緒に走ったことのあるドレフォンの産駒は芝で走り始めていますが、マインドユアビスケッツとはどこが違うのでしょうか?

岡田　ドレフォン産駒は筋肉が柔らかいですね。それに対して、マインドユアビスケッツ産駒は筋肉がカチっと硬いところがあります。

――続いてはラブリーデイです。キングカメハメハ系だけに、関節が硬いことがネックでしょうか?

岡田　ラブリーデイは我慢して5歳、6歳になるまで待てるかどうか。それまでに勝ち上がれるだけの優秀な筋肉が備わっていれば良いのですが、本格化するまで時間が掛かりそうです。ラブリーデイ産駒は、歩かせて柔らかくて当たらない（滑らかな）動きをする馬を狙うべきです。

ビーチパトロール&カレンブラックヒル

――レックススタッドに導入した、新種牡馬ビーチパトロールについてお聞かせください。

岡田　芝のGIレースを3つも勝っているので、安くは買えないだろうと考えていましたが、意外にも50万ドルほどで買えました。日高の生産者の皆さまをお誘いして株を持ってもらいましたので、この馬が種牡馬として成功すると喜んでくれる人が多いと思います。血統的にはアメリカのダート競馬でこそ走りそうですが、馬体が小さく出て、芝の瞬発力勝負を得意とした突然変異的な馬です。

産駒はアメリカのダート血統らしさが出るのか、それとも父に似て小柄な芝馬らしさが出るのか、どちらの可能性も期待して導入したところがあります。現時点ではやや不揃いな感じはありますが、どちらかというと前者の大型なパワータイプの産駒が多いです。成功できるかそうでないかと問われたら、成功できるタイプだと私は思います。

――最後に、カレンブラックヒルはいかがですか？

岡田　馬体が流線形ではない武骨なイメージがあったのですが、セリで出てくるカレンブラックヒル産駒を先入観なく見てみると、意外とそうではないのです。そして実際に買ってみると、安くても走る馬が多い。父ダイワメジャーは武骨なところがあり、成長力もあまりないため、好みではなかったのですが、カレンブラックヒルの方は筋線維が細かく、距離がもちますし、私の評価は高いですね。ダートが主戦場でしょうが、芝を走る馬も出てくるのではないでしょうか。カレンブラックヒル産駒は、ゴツゴツしていない、流線形のゆったりした馬を狙うべきです。

――それぞれの種牡馬について、歯に衣を着せないコメントと解説をいただき、ありがとうございます。岡田さんと話していると、上っ面の話ではなく、生産者の本音というか、心の声が伝わってくるようで安心します。

（インタビュー終わり）

まとめ

　岡田牧雄さんに初めてインタビューさせていただいてから長い歳月が経ちましたが、岡田さんは相変わらずのフレンドリーな調子で取材に応じてくださいました。競馬界において多くの偉業を成し遂げ、貢献されている立派な方であるにもかかわらず、決して偉ぶるところはなく、目線が低いというか、フラットというか、僕たち競馬ファンに近い庶民的な感覚をお持ちです。そうした人間性の素晴らしさも読者の方々に伝わると良いなと思いつつ、記事を書きました。

Part 2

上手健太郎獣医師に聞く
募集時のウォーキング動画を見るときのポイント

獣医師ならではの出資馬の選定方法

日々サラブレッドと向き合いながら、馬を見ることを仕事としている競馬関係者の方々へのインタビュー。今回は獣医師として全国を駆け巡り診療をしつつ、共有オーナーズクラブ「Equine Vet Owners Club」を立ち上げ、代表を務めている上手健太郎氏に登場いただきます。

今回は、ご自身も一口馬主として高確率で活躍馬を引き当てている上手獣医師に、「走る馬の見極め方」について教えていただき、その後、サラブレッドの疾患やその治療法ついて、いくつかの症例を交えながら紹介してもらいたいと思います（当インタビューは2022年9月に行われました）。

上手健太郎《かみでけんたろう》さん　プロフィール

1983年兵庫県生まれ。高校時代にニュージーランドに留学し、本格的に馬の世界を志す。酪農学園大学獣医学部獣医学科を卒業後、追分ファームにて獣医師兼騎乗員として従事。2017年に福島県南相馬市にて「南相馬アニマルクリニック」を開院。さらに2021年に地方競馬の共有オーナーズクラブ「Equine Vet Owners Club」を設立。脚元に不安を抱えている競走馬を買い取り、自ら治療を行って再び走らせるという他に類を見ないコンセプトのオーナーズクラブとして注目を集めている。

――上手さんは追分ファームで競走馬に騎乗して育成に携わったり、獣医師として東北地方をベースに関東の方まで飛び回って診療をしていたり、はたまた地方競馬の共有クラブ「Equine Vet Owners Club」を立ち上げたりと、異色の経歴を誇っていますね。

特にEquine Vet Owners Clubは、おもに脚元に不安を抱えている競走馬を買い取り、ご自身のチームで治療を行って地方で再起させるという、他に類を見ないコンセプトのオーナーズクラブです。

馬に乗れる獣医師として、そして共有クラブの代表として、上手さんがどのような観点で馬の馬体や動きを見て、走る馬と走らない馬を峻別しているのか非常に興味があります。

さらに上手さんは一口馬主としても種牡馬となったレイデオ

口、最近でもキラーアビリティやコントラチェック、バーデンヴァイラーなどの活躍馬に出資されていると聞きました。先ほど一口馬主DBのMy馬ページを見せてもらいましたが、1世代2〜3頭、合計50頭弱程度の出資馬から多数のGI馬・重賞馬を引き当て、1頭当たりの平均賞金は5000万を超えるという素晴らしい出資成績です。

せっかくなので読者に向けて、まずは馬見のアドバイスからお願いします。

上手健太郎獣医師・Equine Vet Owners Club代表（以下、敬称略）私は一口馬主DBの初期の初期から利用させていただいていますが、実は一口馬主だけで1000万円以上の賞金配当を受けています。もちろん、きちんと確定申告していますよ（笑）。

当たりを引くコツとしては、母系と父系の相性などの血統面ももちろん大事ですが、募集馬の馬体や動きはその「答え」として出てきているものであり、今回は具体的なそれらの見かたをお話しさせていただきます。

動画での「ナチュラルスピード」と「飛節のブレ」

――一般の一口馬主は馬の動きを主に募集時のウォーキング動画で確認することになりますね。

上手　馬の動きをウォーキング動画で確認する際には、アイルランドなどの海外の競馬でよく言われるナチュラルスピード、つまり馬が自然に歩くときの速さが大切です。

分かりやすく言うと、「足が速い馬は歩いている時も速い」ということです。チャカチャカと小足で歩く速さではなく、ゆったりと歩いたときのスピードの速さです。また、人間が引っ張って速く歩かせるのではなく、馬が自然な形で歩いて、人間がそれに引っ張られて大股で歩かなければならないような速さです。

歩くのが速い馬は前に進む気持ちも強いですね。最近ではナチュラルスピードの速い最たる歩き方がキラーアビリティのそれでした。

――キラーアビリティは僕も愛着のある馬なのですが、立ち写真ばかり見ていたので、もう一度ウォーキング動画を見てみたいと思います。

上手　キラーアビリティはウォーキング動画を観て、一発で決めました。ナチュラルスピードが速いことに加え、飛節のブレが少なかったからです。

ほとんどの馬は後ろ肢が着地したときに飛節がブレます。それは緩さにつながるのですが、キラーアビリティはそのブレがほとんどなかったですね。仕上がりが早い馬がほしかったので、飛節のブレが少ない、緩くない馬を選んだということです。

ここで言う緩さとは関節の柔らかさであり、柔らかいこと自体は悪くないのですが、飛節は緩くなくて良いのです。ディープインパクト産駒の良さは、「柔らかいけど硬い」ことです。背中はとても柔らかいのですが、飛節が硬いのです。飛節が硬いからこそ、しっかりと力が伝わって、飛ぶように走ることができます。

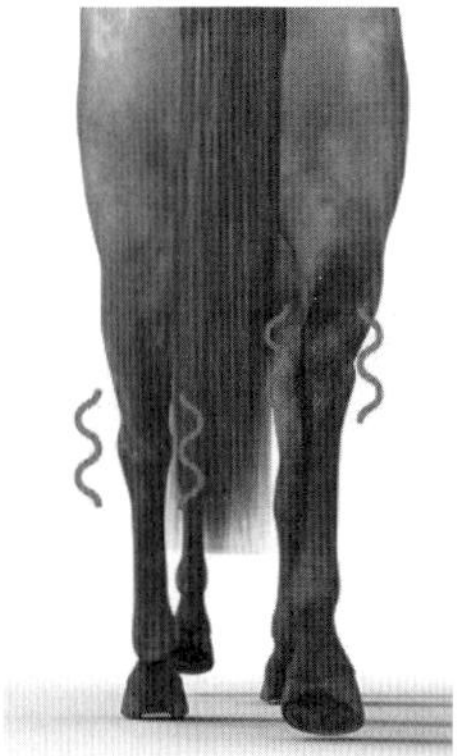
後ろ肢が着地したときの「飛節のブレ」に注目

ウォーキング動画の各ショットで重視するポイント

――なるほど、飛節が柔らかいとパワーが逃げてしまいますよね。飛節の硬さを見るのは、やはり馬の後ろからですか？

上手　はい、そうです。馬のウォーキング動画を観るときは早送りして、まず後ろからの歩きを見ますね。横からの動きを見るとすれば、股関節や肩関節の流動性（柔らかさ）ぐらいです。

そして前から観るべきは、肢と肢の間口（幅）でしょうか。歩いているときに間口が広い馬はガニ股のようになって、スピードが左右に逃げてしまいがちです。間口がギュッと狭く歩けている馬が良いですね。

たとえば、ハーツクライ産駒などは間口の狭い産駒

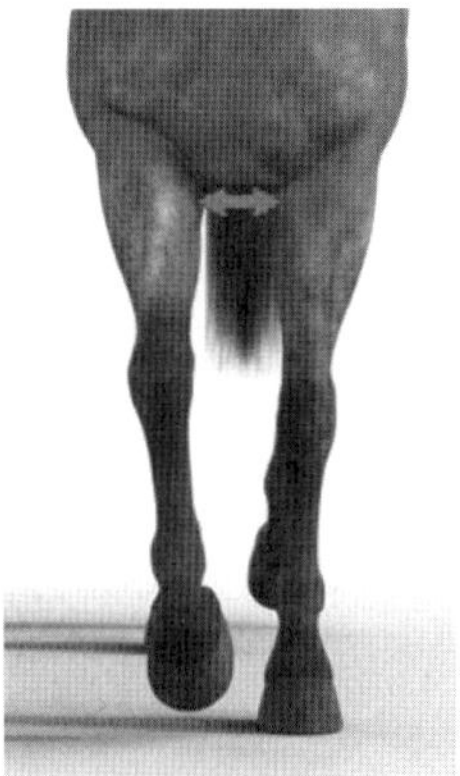

前からの歩様は前肢の「間口」の幅に注目

の方が圧倒的に走ります。「馬体の幅が広い馬」がダメなのではなく、「歩くときに手肢の間口が広く歩く馬」は、走るときも同じで、スピードが逃げてしまうのです。

――間口が狭い歩きの馬が走るという話を聞いて、一本の線の上を走っているようだと武豊騎手が絶賛したベガのことを思い出しました。つまり、左右の肢の幅が広い走りはドタドタしてしまうのに対し、一直線上を走る方が最もパワーとスピードのロスが少ない走り方ということですね。

上手　そのとおりです。逆に、前から観たときに肢が曲がっているかどうかは全く気にしません。多少肢が曲がっていようが、走り出したら一直線上に肢が収まれば問題ないのです。

例えばレイデオロは肢が曲がっていて心配しましたが、走ると真っすぐに走りましたからね。レイデオロは肢の長いキングカメハメハ産駒の典型でした。バネで走るディープインパクト産駒に対し、キングカメハメハ産駒は大きなストライドと強い筋力で走ります。そのため、肢の長い方が一完歩は広くなり、そのストライドを受け止める強力な筋力があるキングカメハメハ産駒は走るのです。

同じくキングカメハメハ直系のロードカナロアの産駒もそうですが、この系統は生まれ持った馬体のフレームにアドバンテージのある馬はそのまま走りますね。

トモに「筋肉が詰まるスペース」があるか

――ウォーキング動画からはナチュラルスピードが速く、飛節がブレておらず、間口が狭く一本の線の上を進むように歩ける馬を狙うということですが、馬体のつくりに関して見るべきポイントはありますか？

上手　トモの「容積」に最も注目します。これは解剖学的な話ですが、人間はいちばん良く使う大腿筋が最も発達するように、馬も股関節の周りについている筋肉（中殿筋）がしっかりと使えていて、発達しているかを見るべきです。中殿筋を中心としたトモの容積を見るということです。

若いときはトモに筋肉が詰まっていなくて水っぽくても良いと思うのですが、どれだけ容積があるか、つまり器の大きさがあるかが将来性を決めます。ペラッペラではなく立体感のあるトモの馬が走ります。もっと分かりやすく言うと、「筋肉が詰まるスペースがあるかどうか」を見極めることが大切です。

容積の見かたとしては、横から見たときの中殿筋の張り出し方と後ろからのそれを合わせて立体的に見てみることです。立体感のあるトモは写真で見ても陰影が出ているから分かりやすいですね。

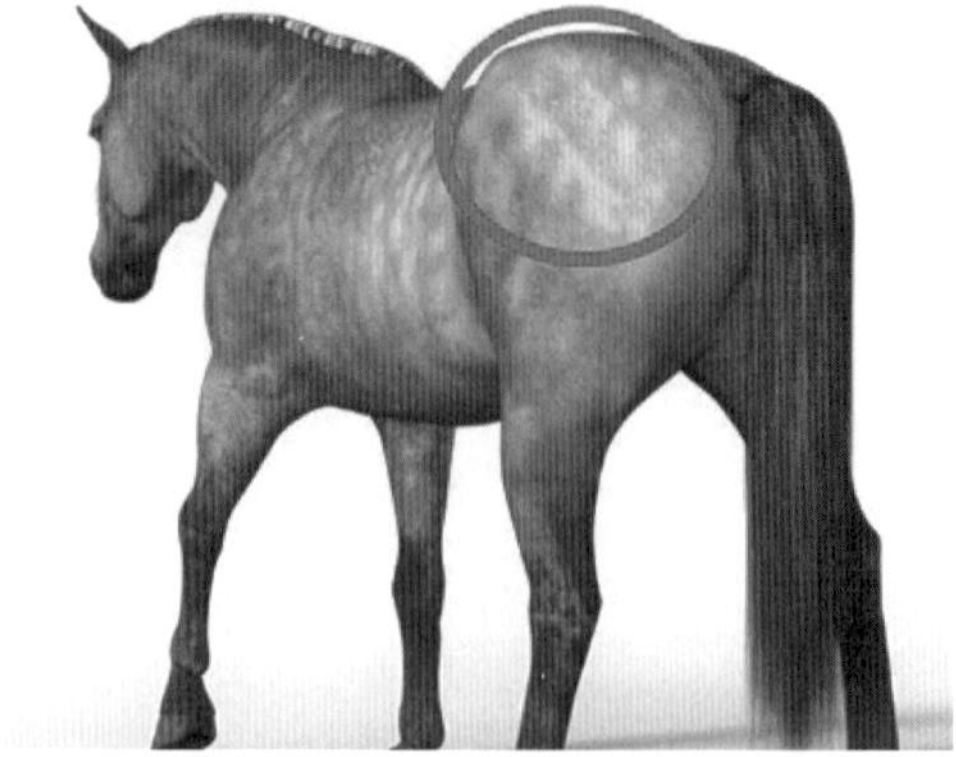
中殿筋を中心に立体的にトモの「容量」を見極める

もちろん、器が大きすぎても筋肉が詰まってスプリンターになってしまいがちですが、器が小さすぎると筋肉が入りようがなくて話になりません。そのあたりはバランスですね。トモに十分な容積がある馬を狙うということです。

――なるほど、1歳の募集段階では、そこに筋肉が詰まっているかどうかは問わず、実が入るスペースがあるかどうかの容積を見るということですね。

上手　ちなみに、ダート馬を狙って出資するときは前から見たときの「顔の幅」も見た方がいいですよ。顔（鼻梁）の幅と馬体全体の骨量は比例するからです。顔の幅が広いということは全体の骨量があるということで、骨量が豊富であるということはつまりパワーがあるということにつながります。

実はこれは私が中学校2年生の時に読んだ「サラブレ」に書いてあったことです。でもこれ、見事に当たっているのですよ（笑）。逆に言うと、芝馬の顔は小さくてシュッとしているということですね。

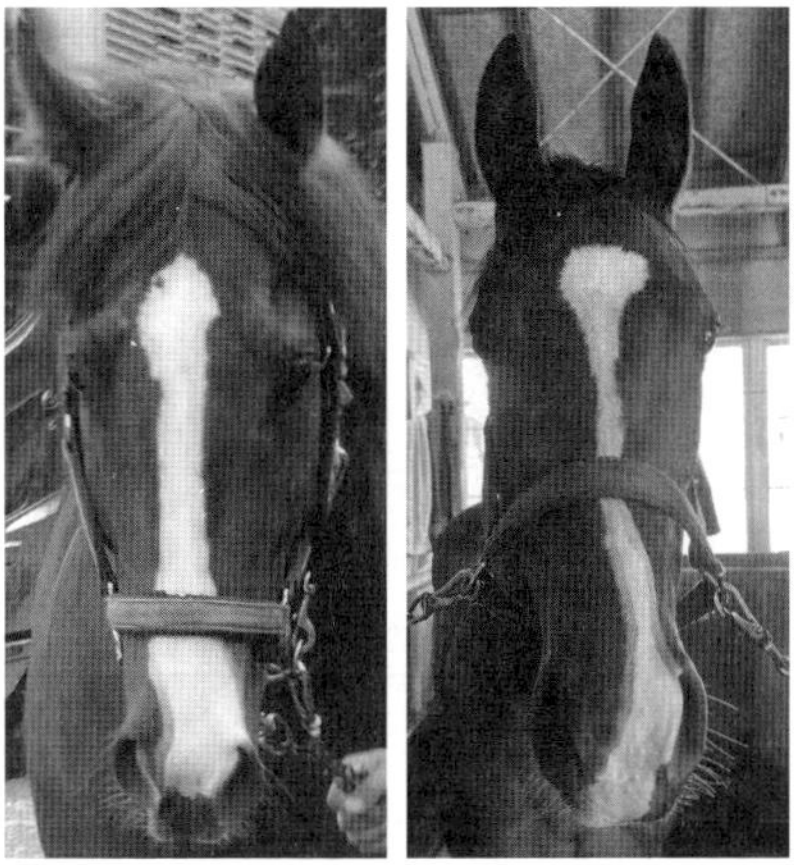
例）左：幅のある鼻梁、右：細い鼻梁

――それは面白いダート馬の見分け方ですね。蹄の形状などはよく言われますが、顔の大きさでダートへの適性がわかるというのは新鮮です。

――惜しみなく知見を披露してくださり、ありがとうございます。日頃獣医師として馬に接しているというだけでなく、長年にわたって一口馬主の視点からも馬選びを続けてきた方のアドバイスは貴重です。

鼻出血《びしゅっけつ》は再発しやすい？

――上手さんが立ち上げられた地方オーナーズクラブ「Equine Vet Owners Club」ですが、故障や疾病などで本来の能力を発揮できず、安く出品されている馬を買ってきて皆で楽しむスタイルには好感が持てます。

実は僕が「Equine Vet Owners Club」のことを知ったのは、ネージュダムールという馬がきっかけでした。当時、サラブレッドオークションにて馬を購入して走らせようと考えていまして、ある週の購買リストにネージュダムールの名前がありました。過去の走りを観てみると、持ったままで圧勝したレースなどもあり、かなりの能力の高さを感じさせる牝馬でした。

血統的にも悪くなかったので、少し走らせてから繁殖牝馬として牧場に上げようかと目論んでいたのですが、唯一、鼻出血の既往歴があったことが心配材料でした。いろいろと調べた結果、僕のような個人馬主には鼻出血の馬にどう対処して良いのか分からないということで、

購入を見送りました。それからしばらくして、上手さんのTwitterから同馬を購入されたことを知り、「Equine Vet Owners Club」の存在も知ったのです。

鼻出血した馬は再発しやすいとも聞いていたのですが、治療で完治するものなのでしょうか。

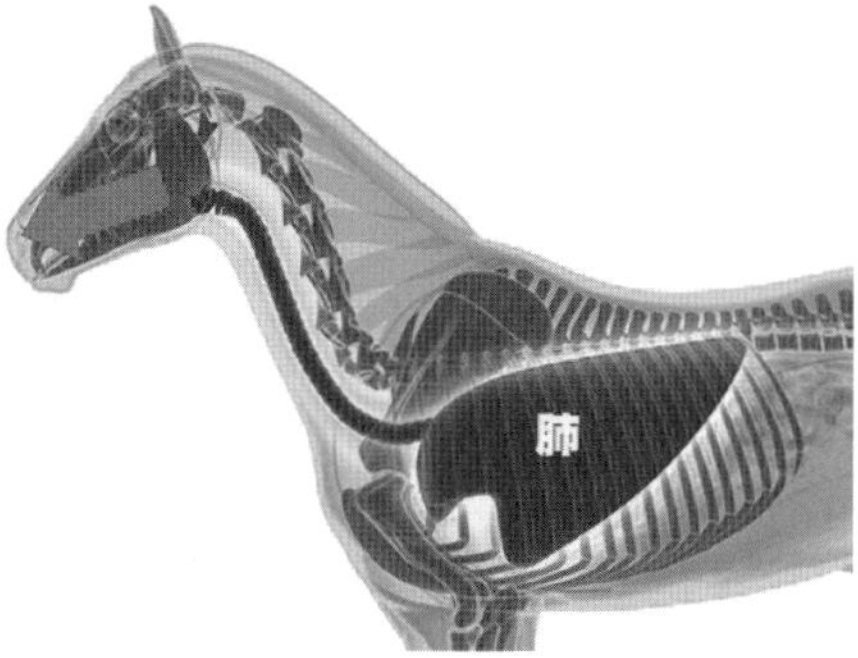

上手　サラブレッドの肺で出血した血液が鼻から出てくることで鼻出血は起こります。正式には「運動誘発性肺出血（EIPH）」と呼ぶのですが、程度こそ違え、レース後の50％の馬で発症しています。

鼻から出血が起こって目に見える状態はグレード4にあたります。強度の運動に起因して肺胞の毛細血管が破裂するのですが、それは壁内圧の上昇などによって引き起こされると考えられています。

一度肺胞の毛細血管が破れてしまうと、かさぶたのような形になってくっつくのですが、完治する前にレースで負担が掛かってしまうと再びかさぶたが剥がれてしまいます。再発しやすいとされるのは、まだ完全に治癒されていない状態でレースに使おうとするからでもあります。ですから、「肺から出血したら、少なくとも2か月は何もせずに放牧してください」と私は提案しています。

——完治させてからであれば、それほど気にする必要はないのですね。基本的な治療法としては何もせずに休ませることですが、それ以外にもありますか？

上手　血行を良くしたり、血圧を下げる効果のあるオメガスリーというオイルを使ったり、血管拡張作用のあるNO（エヌオー）という一酸化窒素を使ったりします。

ほとんどの馬には有効なのですが、実はネージュダムールは積極的な治療をしたことがきっかけになり、別の疾患（蹄葉炎）を引き起こしてしまいました。血糖値が上がってしまい、末梢神経が収縮して血液が行かなくなって蹄葉炎になってしまったのです。もともとストレスがかかりやすい馬だったこともあり、積極的な治療を施したことがトリガーになったのではないかと私は考えています。そのように失敗して自分を責めることもありますよ。

Equine Vet Owners Clubでは出走できなければ返金させていただきますので、馬主さんには迷惑をかけません。自分自身としては、悔しい思いを今後に生かしていきたいと思っています。地方競馬には鼻出血を発症した馬は数多くいますから。

心房細動が起こりやすい条件と予後

――その他、競走馬がレース中に急激にスピードを落として止まってしまう疾患として、心房細動があります。2022年のオールカマーで2番人気に推されたソーヴァリアントが心房細動を発症し、最後は歩くようにして最下位で入線した姿を見て驚かされた競馬ファンも多いはずです。

上手　心房細動は心臓の電気の異常で起こります。心臓は電気信号によってドックドックと動くのですが、それが正常に伝わらなくなり、心臓の一部だけが異常に動いてしまうことを心房細動と言います。

具体的に言うと、心臓には心室と心房がありますが、心房だけが異常に動いてしまって心室は動かない状態です。それによって全身に血液を送り出せなくなり、ガス欠のような形で脚が前に進まなくなってしまいます。

外厩などでのトレーニングで心房細動を発症する馬はほとんどいませんので、実戦のレースなどの激しい運動が発症要因と考えられていますが、実は原因は未だ不明なのです。2000〜2009年のJRAの調査によると、心房細動は年間で17〜54頭、平均すると34頭前後／年の発生数です。実際のレース中の発症数は全体の出走頭数の0・03％ですから、極めて稀な疾患ではありますね。

また、レースの距離が延びれば延びるほど、発症しやすいというデータもあります。1200mと2400mのレースを比べると、距離の長いレースの方が5・8倍も心房細動を発症しているのです。

心房細動に関しては発作性の疾患であり、ほとんどの馬は24時間以内に自然に治まります。キニジンという薬もありますが、副作用が多いため、よほどの場合ではないと投与されません。心房細動は予後も悪くなく、馬が苦しかったことを覚えていてレース中に自ら走るのをやめてしまったりするような精神面を除けば、競走能力には全く問題がありません。

挫跖《ざせき》になりやすい蹄の形は？

――次は挫跖について教えてください。挫跖でいつも思い出すのは、藤澤和雄元調教師が挫跖を防ぐために、厩舎前の砂道に一方向にホウキをかけさせていたという話です。石が落ちているのを馬の上からでも見つけやすくするためだそうですが、そこまで徹底してやるのだと感心しました。挫跖は仕方ないケースがほとんどではありますが、人為的に起こってしまう面も否めませんからね。

上手　挫跖は様々な理由や状況で起こり得ます。歩いているときに石などの硬いものを踏んだときだけではなく、例えば、馬が走っているときに後肢の蹄の先端で前肢の蹄底を打撲してしまったり、また蹄が薄かったり角度が寝ている馬は走っているときに蹄の中側が地面に直接当たるため、その衝撃の繰り返しで蹄を痛めてしまいます。

ひどいときは、蹄の中の感染などで炎症（内出血や膿）が蹄底に起きて、化膿性蹄皮炎になってしまうのです。そのような場合は、積極的に薬を投与して治療します。すると数日で良くなったりしますよ。

挫跖は特に肢勢の悪い馬や蹄底の浅い馬、蹄の角度が寝ている馬、ときとして踏み込みの良い馬に発症しやすいと言われています。一般的には前肢の蹄に多く発症し、蹄に熱を持ち、重度の跛行を呈することもあります。一口クラブ馬に出資する際も、募集時のカタログ写真で蹄が寝ていて薄い馬には（挫跖のリスクを）気をつけた方がいいですね。

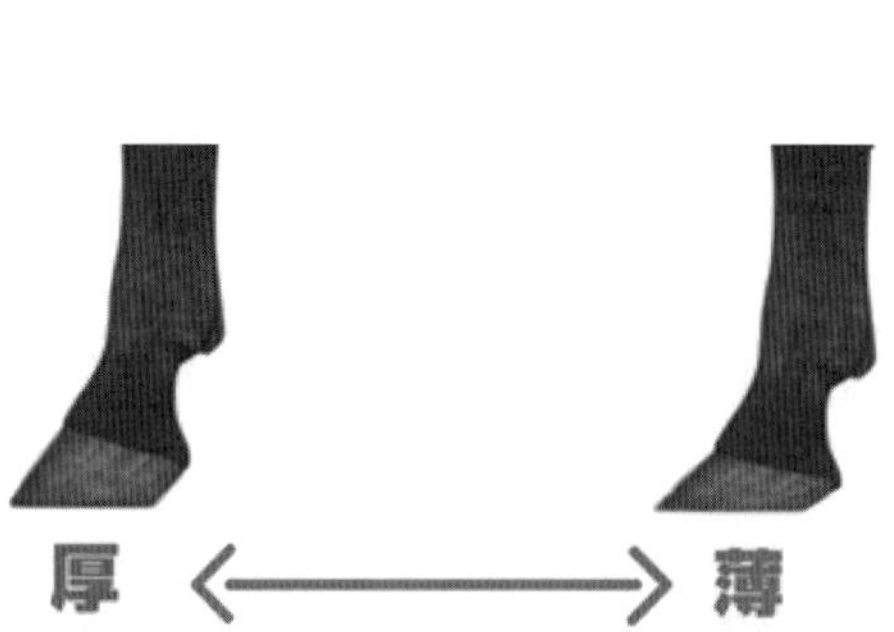

感冒《かんぼう》＝風邪？

――感冒と熱発についても教えてください。僕のこれまでの一口出資馬でも、ようやく調教のペースが上がってきたと思ったときに熱発して、頓挫してしまった苦い思い出が何度もあ

ります。感冒というのは病名であり、熱発というのは熱が出ている状態だと思いますが、深く結びついていますよね。

上手　感冒は、日常的に私たちが使っている「風邪」と言い換えてもらっても良いです。感冒にしても風邪にしても、病態を表すものとしては非常にあいまいな言葉ですけどね。熱発を伴う幅広い呼吸器症状をひとまず「感冒」と呼んでいます。

そうした症状を導いている原因が何であるかはっきりすれば、別の診断名がつくのですが、原因が不明であったり、症状が軽度なために対症療法でしのぐときに「感冒」と呼んでいるにすぎません。

そもそも、馬たち自身はウイルスをもともと持っているのだと思います。体内にあるのだけど、発症していないだけです。それが何らかのストレスによって免疫力が落ちることで、発症しているのではないでしょうか。

トレーニングセンターにいるときと牧場にいるときとでは発症率が違うのも、感冒や熱発の主な原因がストレスであることを物語っています。たとえば、調教で強い負荷がかかったり、長距離輸送によって馬がストレスを感じて熱発するのは良い例です。

感冒は数日で落ち着くことが多いのですが、特に若馬は長引くこともあるので注意が必要です。対症療法としては、脱水をしていたら点滴をしたり、39・5度以上の熱が出ていたら解熱剤を使ったりします。馬って39・5度ぐらいまで熱が上がると、極端にご飯を食べなくなりますから。また、黄色い鼻水が出ている場合は細菌感染していることが多いので、様子を見つつも抗生剤を使うようにしています。

骨膜炎の症状と最新の治療法

――最後に、骨膜炎についてはどうでしょうか。「Equine Vet Owners Club」の所属馬を見ても、既往歴に右前肢腕節骨膜炎と記載されている馬もいますが、無事に競馬に復帰できているようですね。

上手　「骨膜」とは骨の表面を覆っている膜のことであり、その膜に炎症が起こることを「骨膜炎」と言います。

サラブレッドの骨は調教やレースの負荷に耐えられるよう、構造が強く丈夫になるように適応して変化します。しかし、骨が完全に化骨していない成長期の若い馬に対し、その適応する限界を超えた強い調教を比較的短期間のうちに行うと、骨膜炎が発生すると考えられています。

たとえば、当クラブに所属していた馬の事例では、右前肢を骨折していたので手術しましたが、今度は右前肢の腕節部分が骨膜炎を起こしてしまいました。さらにそこから関節が摩擦によって炎症を起こし、水がたまったりする変形性関節症になりました。

ただ、前膝の腕節は4つの関節からなっていますので、ひとつがダメでも残り3つありますので何とかなるのです。それに比べて、球節にはひとつしか関節がないため、そこに炎症を起こしてしまうと予後は悪いですね。特に繋ぎの長い馬の場合、着地するときにかなり沈みますので完治するまでに時間が掛かってしまいます。

骨膜炎や変形性関節症を起こした馬に対しては、主にAPSという自家タンパク質溶解装置を用いて治療を行っています。APSは主に馬の変形性関節症やその他の跛行の原因を抑制し、痛みや炎症を軽減するために使用されます。馬自身の血液を使用して濃縮溶液を作成し、負傷した領域に注射すると治癒プロセスが増幅されるという最先端の治療法です。

自分たちの共有馬だからこそ、新しい治療法を積極的に試せるという意味合いも大きいですし、上手くいったことは他の馬たちにも適用することができます。また、そうした情報をオープンに発信することによって、競走馬の医療全体にも貢献できると考えています。

――なるほど、故障歴等のある馬たちを治療してセカンドキャリアを開き、また手ごろな価格で募集することで、私たちは馬主として彼らをサポートしながら馬の健康について学びを

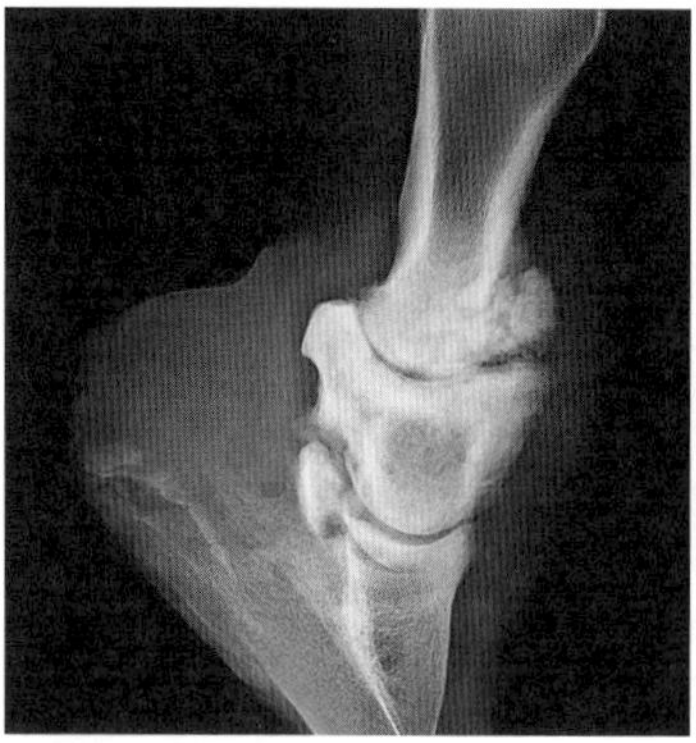
球節部分の骨膜炎事例

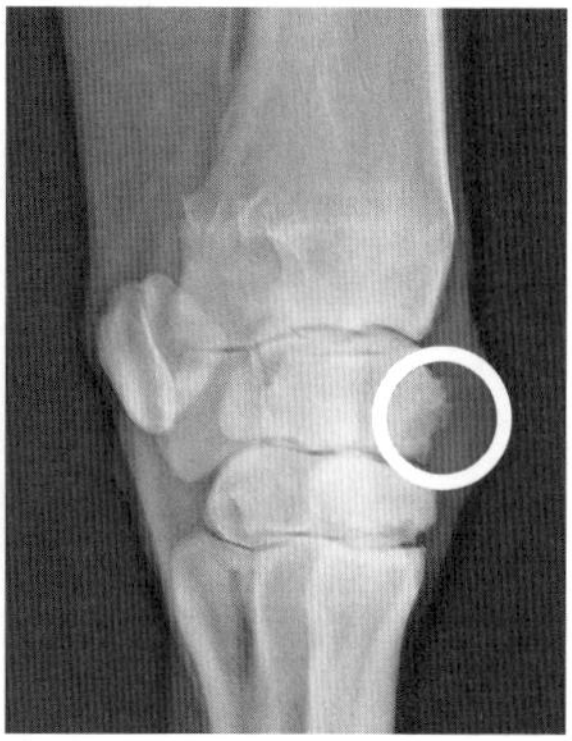
腕節部分の骨膜炎事例

深めることができる。そして、近代的な治療法や薬を積極的に試すことで、競走馬医療全体の発展にも寄与できる可能性も生まれるという仕組みですね。

走る馬の動き・馬体の見かたから、サラブレッドの疾病や最新の治療方法まで、オープンに教えてくださってありがとうございます。上手さんのように、現場に密着している獣医師でありホースマンの考えや意見を聞くことは非常に刺激的です。これからもご活躍を応援しています。

上手　ありがとうございます。これからも私がたずさわる全ての競走馬たちに、最適化されたケアやボディコンディショニングを施し、ホースマンシップに則り、惜しみない愛情を注いでいきたいと思います。

まとめ

競走馬に乗れる獣医師という異色のキャリアを持つ上手さんに、根掘り葉掘り聞いてみました。脚元に不安を抱えている馬を買い取り、最先端の治療を施して復活させる共有クラブ「Equine Vet Owners Club」の存在を競馬ファンの皆さまにも知ってもらいたかったという僕の想いもあります。

走る馬の馬体の見かたとして、ナチュラルスピードが速い馬、飛節がブレない馬、間口が狭い馬、そしてトモに十分な容積がある馬を狙うという大切なポイントを教えてもらいました。特にトモの容積の見かたは非常に分かりやすいですね。また、鼻出血や心房細動、感冒、挫跖、骨膜炎といった良く聞くサラブレッドの疾病も直接解説してもらえて、理解が深まりました。

Part 3

西谷泰宏調教師に聞く
背中の筋肉の見かた

日々サラブレッドと向き合いながら、馬を見ることを仕事としている競馬関係者の方々へのインタビュー。今回はオーストラリアのタスマニアで厩舎を運営している西谷泰宏元騎手・現調教師に、馬体の見かたについて教えてもらいます（当インタビューは2019年6月にゴールドコーストで行われました）。

――はじめまして。ツイッターではフォローさせてもらっていましたが、地理的なこともあってお会いするのは初めてになりますね。知り合いからも信頼できるホースマンだと太鼓判を押されたので、楽しみにしていました。今日はセールの第2日目という忙しい中にもかかわらず、こうしたインタビューにお応えいただきまして、ありがとうございます。

西谷調教師（以下、西谷）　こちらこそ、ありがとうございます。オーストラリアで僕のよ

西谷泰宏《にしたにやすひろ》さん　プロフィール

オーストラリアの競馬学校を経て、2006年に騎手免許を取得。通算1545戦70勝(タスマニア、岩手競馬、キングアイランドにて)。2014年は岩手競馬で2ヶ月の短期騎手免許で騎乗し110戦6勝。2016年には調教師免許を取得し、タスマニア初の騎手と調教師の二刀流ライセンスを保持。当面の最大目標はメルボルンカップ制覇。厩舎のスタイルは「一頭入魂」。タスマニアの地の利を活かし、あらゆるアプローチからG1制覇が出来る馬作り・厩舎作りを目指している。

うな人間が活動していることを、少しでも知ってもらいたいと思っていますので嬉しいです。今日は朝一でセリ会場に入って、気になる馬は全て下見を済ませていますのでご安心ください。

――今日はセリの現場でのインタビューとなります。現役の調教師から直々に教えてもらえるということで、新しい視点からの馬体の見かたを期待しています。まずは馬体の見かたの総論というか、基本的なポイントを分かりやすく教えてください。

西谷　前提として、今からお伝えする馬見は絶対的なものではなく、あくまでも一調教師である私にとっての、馬を見るときの基準であることをご理解ください。

馬を見るときには、まず背中の筋肉を見ます。背中の筋肉の付き方が重要です。その次に、腰からトモの筋肉の付き方を見るという一連の流れです。「背中」→「腰」→「トモ」という順番ですね。このトップラインを見るとき、僕は馬の斜め前から見ます。「背中」→「腰」周りの筋肉の付き方を見るためには、たとえば立ち写真など、横から馬を見ると分かりにくいのです。

背中の筋肉の見かた

――なるほど、背中から腰周りの筋肉の付き方を見るには、斜め前から見ると分かりやすいですね。

西谷　背中の筋肉がしっかりついていると好印象、筋肉が全くなくて削げ落ちているようだと買えないかなと思います。

大げさに言うと、筋肉が盛り上がって、幅が広くなだらかな山のようになっている背中と、筋肉が付いておらず、薄っぺらくて傾斜のきつい山のような背中があるということです。もちろん、この先、筋肉が付いてきそうかなと思わせ

る馬もいますので、一概には良し悪しを決められませんが。

——筋肉の付き方とは、つまり背中の容積が大きい方が良いということですか？

西谷　はい、容積の大きさであり、さらに筋肉の密度や質も加わります。筋肉の質が良い馬は、究極に仕上げると、筋線維が見えるような背中になるのです。セリではそこまではなりませんので、そういう筋肉の質をイメージできるかどうかということですね。抽象的かもしれませんが、身体の中から盛り上がってきて、柔らかくて、はち切れそうな筋肉が理想です。

僕はジョッキーとしてずっと馬に跨ってきましたので、自分が乗るときに乗りやすい背中という視点で見ますね。調教の中ではなく、レースで乗ったときに、この背中は良いだろうなと思える馬を探しています。つまり、走る馬の背中という視点です。

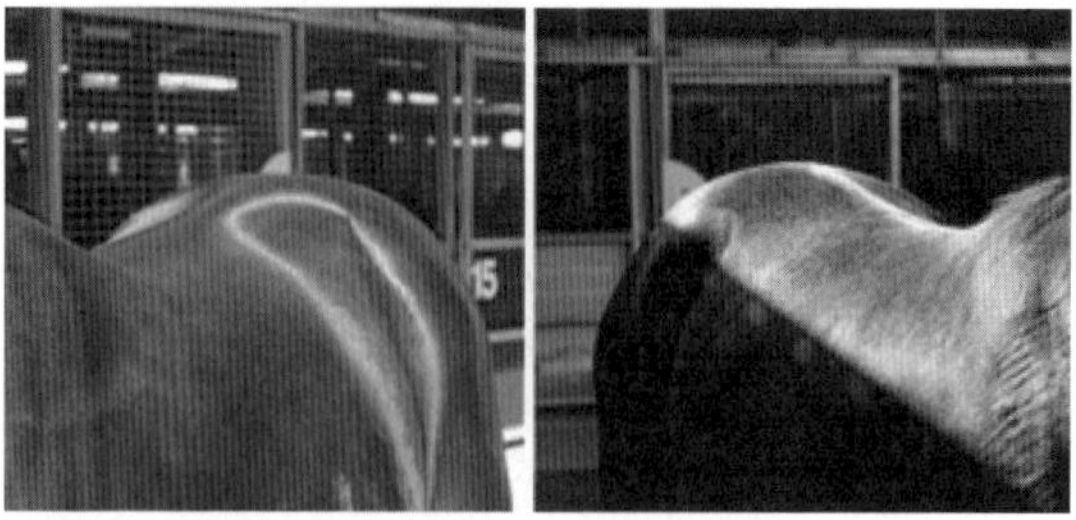

左画像：背中の筋肉がよく発達している例
右画像：背中の筋肉があまりついていない例

――ジョッキーは、「背中が良い」とか「背中が硬い」と乗り味を表現しますよね。

西谷　ジョッキーに言わせると、背中を上手く使えていない、つまり乗り心地が悪いということです。背中を上手く使えているかどうかは、立たせて見ているだけでは分からないので、歩かせて見ます。

なぜ背中の筋肉が重要か

――背中から腰にかけてしっかりと筋肉が付いている馬が良いということですが、たとえば短距離馬はマッチョな馬が多いので背中も厚くなり、ステイヤーは馬体の幅が薄いので自然と背中も薄くなるのではないでしょうか。

西谷　そうですね。ただ、馬体の幅は薄くても、背中から腰あたりにかけては筋肉が充実していることが望ましいです。そういう馬はオッと思うことがありますよ。馬体全体のバランスの中で、背中に筋肉がしっかりと付いて盛り上がっている馬が良いという解釈です。

なぜ「背中」→「腰」→「トモ」が大切かというと、馬にとってのエンジンにあたるからです。最初の頃には前駆が物足りなかったとしても、エンジンパートである後躯が強いと、調教を積むに従って前躯にも筋肉が付いて、強くなっていきます。その逆はなかなか難しくて、後躯は生まれ持ったものであったりしますので、鍛えるのが難しいのです。まずは後躯が先にあるということですね。前駆だけあって、後躯が弱い馬はそれ以上強くなりません。特に牡馬は後躯に力強さがなければ走りませんね。

気をつけた方がいいのは、後躯が強いのに対して、前駆が弱い馬は衝撃が強くて故障してしまうことがありますので、そのあたりは馬の前駆の成長をじっくりと見ながら、負荷を掛けていくことが大事です。

――なるほど。馬体全体のバランスの中で、背中に筋肉がしっかりと付いて盛り上がっている馬が良く、またエンジンパートである後躯が強くないと競走馬として成功することは難しいということですね。

西谷 厳密に言うと、背中の筋肉がしっかり付いていないのは、普段から背中を使って動けて（歩けて）いないということです。元々、背中を使えていないため筋肉が発達しなかったのか、または何らかの怪我をしたことをきっかけに背中を使って歩けなくなってしまったのか。最も良くないのは、背中の片方だけ発達していない馬です。先ほど下見したときにもいましたが、変な癖がついてしまっているのですね。調教を進めていくと、片方に負荷が掛かってしまうので、マッサージなどのケアをしても疲れが取れるのに時間を要してしまいます。

いずれにしても、長い歳月をかけて発達してきた肉体的な特徴ですから、背中の使い方や筋肉、そこから後躯に至るまでのエンジン部分をつくり直していくのは難しいですよ。弱い部分だけではなく、その原因から治していかなければいけません。1日中その馬に付きっ切りで調教すれば何とかなるかもしれませんが、そこまでの時間が掛かるのが分かっているのであれば、最初から買わない方が妥当なのではないでしょうか。

脚元の見かた

――背中からのトップライン以外でも注目するポイントはありますか？

西谷　その次には脚元を見ますね。まあ背中のラインとほぼ同時に目に入ってしまいますけど。脚元については、まず横から見て、その次に前から見て、ぐるっと回って後ろから見て、肢勢や脚元の状態を観察します。まず肢勢が真っ直ぐな馬はほとんどいません。多かれ少なかれオフセットになっていますが、歩かせてみて問題がなければ良しとします。あまり真っ直ぐすぎても、突っ立っているような形になり、かえって膝が心配になる馬もいます。動きが柔らかければ問題ありませんが、動きに硬さがあると怪我のリスクが高いと判断します。

歩様以外には、肢に骨瘤が出ていれば見ますし、手術の痕は気になります。バンテージが巻かれていた形跡は見逃せません。骨瘤はほとんど問題ないケースが多いのですが、あまりにも大きかったり、球節部分にできていたりすると嫌ですね。

――バンテージの跡というのはどこを見るのですか？

西谷　バンテージを長期間にわたって巻いていたりすると、ズレた跡がついて、外したときに差し毛のような白い毛が残ってしまいます。特に球節部分に跡が残っていたりすると、単なるバンテージ跡ではなく、手術痕かもしれないと疑います。競る予定の馬は、全てレントゲンの結果をかかりつけの獣医に診てもらいますが、悩んでいる段階の馬でも、脚元が疑わしい馬に関してはできる限りレントゲン結果を診断してもらうプロセスを踏んでいます。骨の状態などは外からだと分からないので、外見から手がかりを見つけ、気になる箇所があればレントゲン写真を精査して内部を見るということですね。

それから、蹄の形や繋ぎの長さや硬さ・柔らかさも観察します。蹄の上に真っ直ぐ肢が乗っかっているかどうかというイメージが大切です。完璧でなくても問題ないのですが、あまりにズレているとリスクがあります。特に、蹄だけが外向しているとリスクは高いですね。馬は筋肉が付いて馬体に幅が出てくると、胸幅も広がり、内向気味の馬は肢勢のバランスや重心が良くなる場合もありますが、両脚外向などの酷い馬は悪化したり、良くなる見込みがかなり少なく、レースに行ってコーナーを回るときに大きな負荷が脚元にかかることが考えられます。つなぎに関しては、柔らかい分には良いのですが、硬いものはダメです。

こうして脚元に不安を見つけていくと、ほとんどの馬は買えなくなってしまいますが、それはそれで仕方ないことだと思います。他にもたくさん馬はいるからと思ってあきらめることが肝心です。脚元が完璧な馬を買ったとしてもリスクはありますから、わざわざ最初から不安のある馬を買う必要はありませんね。

――脚元を外から観察し、歩様を見て、少しでも不安があったらレントゲン写真を使って獣医に確認してもらう。そこまでするのは、脚元が健康でなければ、これから先の調教に耐えられないからでしょうね。

西谷　先ほどお話しした背中から腰、トモにかけての筋肉の付き方を見るときは、基本的にストロングポイントを探すつもりで観察します。それに対して、肢勢や骨瘤、手術の痕やバンテージの跡など脚元を見るときは、ウィークポイントを見つけるつもりで観察します。背中がとても良くて、脚元に不安のない馬を見つけるのは意外に難しいものですよ。もしそのような馬がいて、予算内であれば、ぜひ購入を検討してみてください。

まとめ

背中に筋肉がしっかりと付いて盛り上がっている馬が良い、と西谷調教師は言います。元ジョッキーとしては、走る馬の背中を探しているのです。その次に、腰からトモの筋肉の付き方を見る、つまり「背中」→「腰」→「トモ」という一連の流れです。このトップラインは馬の斜め前から見ると見やすいそうです。その後、脚元を見て、蹄の形や繋ぎの長さや硬さ・柔らかさを確認します。トップラインを見るときは美点、脚元を見るときは欠点を探すという見かたも面白いですね。

背中がとても良くて、脚元に不安のない馬を見つけるのは難しく、ほとんどの馬には出資することができなくなってしまいますが、そこはあきらめも肝心です。逆に言うと、もしトップラインに美点があって、脚元に欠点のない馬がいたら、全力で出資を検討してみるべきですね。

あとがき

僕は今、北海道日高の牧場で、繁殖牝馬の子どもが産まれるのを待っているところです。雪が解け、茶色い地面がちらほらと見えてきて、春が近づいてきている予感がします。予定日よりも5日以上遅れており、濃い乳ヤニ（産まれる予兆）がついているため、数日前から牧場に寝泊まっているのですが、待てど暮らせど、とねっこは僕の前に姿を見せてくれません。

実は今年、もう1頭の繁殖牝馬はスピード出産でした。牧場から連絡を受けて飛行機に飛び乗ったものの、僕が空の上にいる間に産まれて、奇跡の瞬間に立ち会うことはできませんでした。前年は出産直前に流産してしまったので、母子ともに無事であったのは何よりでした。

こうして生産の現場に身を置いてみると、自然の摂理は思っている以上に複雑で奥が深く、とても僕たちの手の内に収まるようなものではないことが分かります。

そして、お腹がはち切れそうな繁殖牝馬や生まれたばかりのとねっこに触れてみると、僕がこれまで見てきたのは完成品のサラブレッドであったことに気づかされます。こうして母から仔に命と愛情が伝えられてはじめてサラブレッドが誕生するのです。

「肢が長いのは、お母さんに似ていますね」と友人の生産者は言います。先月産まれてきた女の子（写

真）は、背が低くてずんぐりむっくりした父（ニューイヤーズデイ）よりも、手肢が長くて背が高い母の特徴が良く出ているみたいです。乳を吸おうとしてまとわりつくとねっこの姿が、母馬に重なって見えて、僕は嬉しくなります。

そもそも、サラブレッド生産の現場である牧場には、母馬と仔馬しかいません。父である種牡馬は種付けのときだけに現れる脇役にすぎず、母である繁殖牝馬とその子どもたちこそが主役なのです。

母仔ともに無事に産まれてきて、健康に育ち、競走馬として丈夫に走り続けることができ、その上で他馬よりも少し速く走ることができれば十分に素晴らしいのです。生産者としても、（一口）馬主としても、まずは1勝できる馬をと心から願っています。

すべてのサラブレッドが無事に生まれ、そして健康に過ごすことができますように。

この本を上梓するにあたって、まずは長くお付き合いしてくださっている一口馬主DBの皆さまに感謝します。たくさんのアイデアをいただきながら、少しずつ書き進めたことを1冊の本としてまとめることができました。また、僕の拙いインタビューに快く答えてくださった関係者の皆さま、そしてこの本の制作に関わってくださった方々にもこの場を借りて改めてお礼申し上げます。これからも僕の馬体を探求する旅はしばらく続きます。最後まで皆さまとご一緒できれば幸いです。

2023年3月

治郎丸敬之

[写真協力]

- （株）キャロットクラブ
- （株）産業経済新聞社 週刊 Gallop
- （有）サンデーサラブレッドクラブ
- （有）社台コーポレーション 社台スタリオンステーション
- （有）社台サラブレッドクラブ
- （有）シルク・ホースクラブ
- （株）ノーザンホースパーク
- （株）ノースヒルズ
- （株）ノルマンディーオーナーズクラブ
- 広尾レース（株）

（社名　五十音順）

治郎丸　敬之（じろまる　たかゆき）

新しい競馬の雑誌「ROUNDERS」編集長。「週刊Gallop」、「一口馬主DB」、「キャロットクラブ会報誌」、「ウマフリ」等にコラムを連載中。単なる馬券検討ではなく、競馬の持つ様々な魅力を広く伝えることをモットーとしている。好きな馬はシンコウラブリイ、ヒシアマゾン、ブラックホークなど。

監修・一口馬主DB　https://www.umadb.com/

会員数５万人を超える、国内唯一最大の一口馬主の総合情報サイト。「一口ライフをもっと楽しくもっと便利に！」をテーマに、クラブに関する膨大なデータ集や管理ツール、読み物等を提供。本書籍は同サイトで連載中の「馬体の見かた講座」を書籍用に再編集したもの。

競馬道OnLine編集部　http://www.keibado.ne.jp

競馬道OnLine は1997 年に開設。競馬専門紙の老舗「競馬ブック」と提携する日本最大級のインターネット競馬情報サイト。競馬ブック提供のデータをもとにした競馬予想支援ソフト『競馬道』シリーズをはじめ、競馬Compass、競馬道調教マスターなどのデータ分析やさまざまな指数を提供。編集部が編集した書籍に「パーフェクト種牡馬辞典」「パーフェクト調教事典」（自由国民社刊）。

競馬道OnLine選書　009

馬《ば》体《たい》は語《かた》る 2

2023年 6月30日　第１刷発行

●著者　治《じ》郎《ろ》丸《まる》敬《たか》之《ゆき》
●監修　一口馬主DB
●編集　競馬道OnLine編集部（株式会社オーイズミ・アミュージオ）
https://www.keibado.ne.jp
●本書の内容に関する問合せ　keibasupport@o-amuzio.co.jp
●カバー写真　（コントレイル・社台スタリオンステーションけい養）撮影／Photostud
●デザイン　androworks
●発行者　福島 智
●発行元　株式会社オーイズミ・アミュージオ
〒110-0015　東京都台東区東上野1-8-6　妙高酒造ビル5F
●発売元　株式会社主婦の友社
〒141-0021　東京都品川区上大崎3-1-1　目黒セントラルスクエア
電話：049-259-1236（販売）
●印刷・製本所　株式会社 Sun Fuerza

本のご注文は、お近くの書店または主婦の友社コールセンター（電話0120-916-892）まで。
お問い合わせ受付時間　月～金（祝日を除く）10：00～16：00

ISBN 978-4-07-345489-2